RESOLUÇÃO DE PROBLEMAS

KÁTIA STOCCO SMOLE
Doutoranda em Educação – área de ciências e matemática – pela FEUSP.
Coordenadora do Mathema.

MARIA IGNEZ DE SOUZA VIEIRA DINIZ
Doutora em Matemática do Instituto de Matemática e Estatística da USP.
Coordenadora do Mathema.

PATRÍCIA TEREZINHA CÂNDIDO
Licenciada e Bacharel em Matemática pela PUC/SP.
Pesquisadora do Mathema.

```
S666r   Smole, Kátia Stocco.
            Resolução de problemas / Kátia Stocco Smole, Maria
        Ignez Diniz, Patrícia Cândido. – Porto Alegre : Penso, 2000.
            96 p. : il. color. ; 21x28 cm. – (Matemática de 0 a 6,
        v.2)

            ISBN 85-8429-004-4

            1. Educação. 2. Matemática. I. Diniz, Maria Ignez. II.
        Cândido, Patrícia. III. Título.

                                                   CDU 37:51-053.2
```

Catalogação na publicação: Poliana Sanchez de Araujo CRB10/2094

RESOLUÇÃO DE PROBLEMAS

MATEMÁTICA
DE
0 A 6

KÁTIA STOCCO SMOLE
MARIA IGNEZ DINIZ
PATRÍCIA CÂNDIDO

Reimpressão 2014

2000

© Penso Editora Ltda., 2000

Capa: *T@t studio*

Preparação do original: Elisângela Rosa dos Santos

Supervisão editorial

Projeto gráfico

Editoração eletrônica

artmed®
EDITO**g**RÁFICA

Reservados todos os direitos de publicação, em língua portuguesa, à
PENSO EDITORA LTDA., uma empresa do GRUPO A EDUCAÇÃO S.A.
Av. Jerônimo de Ornelas, 670 – Santana
90040-340 Porto Alegre RS
Fone (51) 3027-7000 Fax (51) 3027-7070

É proibida a duplicação ou reprodução deste volume, no todo ou em parte,
sob quaisquer formas ou por quaisquer meios (eletrônico, mecânico, gravação,
fotocópia, distribuição na Web e outros), sem permissão expressa da Editora.

SÃO PAULO
Av. Embaixador Macedo Soares, 10.735 – Pavilhão 5 – Cond. Espace Center
Vila Anastácio – 05095-035 – São Paulo SP
Fone (11) 3665-1100 Fax (11) 3667-1333

SAC 0800 703-3444 – www.grupoa.com.br
IMPRESSO NO BRASIL
PRINTED IN BRAZIL

Apresentação

Resolver problemas é atividade básica de fazer e pensar em matemática, que justifica a necessidade de aprender conceitos e procedimentos específicos dessa área do conhecimento.

Por outro lado, é a resolução de problemas a perspectiva metodológica que sustenta nossa proposta de ensino, a forma que fundamenta nossa postura frente ao ensinar matemática.

Daí a idéia de produzir este livro, como resposta a nossas próprias indagações e sistematização de nosso trabalho junto aos professores da Educação Infantil.

Esperamos que ele possa vir a ser um instrumento de apoio ao trabalho dos demais professores que, como nós, acreditam que aprender é um ato dinâmico, reflexivo, conduzido pelo olhar curioso e questionador da criança em um projeto educacional coerente e especialmente planejado para promover a aprendizagem.

Queremos agradecer às professoras e à coordenação das escolas que desenvolvem este trabalho junto às crianças da Educação Infantil e que colaboraram conosco através das produções das crianças que se encontram ao longo de todo o livro. São elas: Colégio Assunção, Escola Alfa, Colégio Emilie de Villeneuve, EMEI Sílvio de Magalhães, Colégio Drumond, Colégio Sapiens, Liceu Coração de Jesus, Colégio Santo Estevam, em São Paulo; Instituto Salesiano Dom Bosco, em Americana; e o Colégio Marista São José, do Rio de Janeiro.

Sumário

1. Uma primeira conversa: uma proposta de matemática para a Educação Infantil 9
2. Resolução de problemas de matemática na Educação Infantil 13
3. Planejando o trabalho com resolução de problemas 21
4. Resolvendo problemas e registrando soluções 25
5. Como observar, interferir e registrar 37
6. Propostas de resolução de problemas 53
   - Adivinhas 53
   - Simulando a realidade 54
   - Problemas a partir de uma figura 56
   - Situações propostas a partir do cotidiano 58
   - Problemas a partir de jogos 60
   - Problemas a partir de materiais didáticos 62
     Problemas para serem resolvidos em material manipulável 62
     Problemas a partir de um material 63
   - Problemas a partir de um cenário 65
   - Resolvendo problemas de texto 67
7. As crianças elaboram seus próprios problemas 73
8. Fazendo uma síntese: planejar e avaliar 81
9. Problemoteca 87

   Referências bibliográficas 95

1 Uma Primeira Conversa: Uma Proposta de Matemática para a Educação Infantil

As preocupações com um ensino de matemática de qualidade desde a Educação Infantil são cada vez mais freqüentes, e são inúmeros os estudos que indicam caminhos para fazer com que o aluno dessa faixa escolar tenha oportunidades de iniciar de modo adequado seus primeiros contatos com essa disciplina.

É sabido, por exemplo, que o conhecimento matemático não se constitui em um conjunto de fatos a serem memorizados; que aprender números é mais do que contar, muito embora a contagem seja importante para a compreensão do conceito de número; que as idéias matemáticas que as crianças aprendem na Educação Infantil serão de grande importância em toda a sua vida escolar e cotidiana.

Uma proposta de trabalho de matemática para a Educação Infantil deve encorajar a exploração de uma grande variedade de idéias não apenas numéricas, mas também aquelas relativas à geometria, às medidas e às noções de estatística, de forma que as crianças desenvolvam e conservem com prazer uma curiosidade acerca da matemática, adquirindo diferentes formas de perceber a realidade.

Uma proposta desse tipo incorpora os contextos do mundo real, as experiências e a linguagem natural da criança no desenvolvimento das noções matemáticas, sem, no entanto, esquecer que a escola deve fazer o aluno ir além do que parece saber, tentando compreender como ele pensa, que conhecimentos traz de sua experiência no mundo e fazendo as interferências no sentido de levar cada aluno a ampliar progressivamente suas noções matemáticas.

É preciso, ainda, reconhecer que os alunos precisam de um tempo considerável para desenvolver os conceitos e as idéias matemáticas trabalhados pela escola e também para acompanhar encadeamentos lógicos de raciocínio e comunicar-se matematicamente. Isso significa que, nas aulas de matemática da Educação Infantil, o contato constante e planejado com as noções matemáticas em diferentes contextos, ao longo de um ano e de ano para ano, é essencial.

Pensar desse modo significa acreditar que a compreensão requer tempo vivido e exige um permanente processo de interpretação, pois assim a criança terá oportunidade de estabelecer relações, solucionar problemas e fazer reflexões para desenvolver noções matemáticas cada vez mais complexas.

Há diversos caminhos possíveis a serem trilhados quando desejamos organizar na escola uma proposta com tais preocupações. Em nosso caso, temos optado por elaborar um conjunto de ações didáticas que não apenas levem os alunos da Educação Infantil a desenvolverem noções e conceitos matemáticos, mas que também privilegiem a percepção do aluno por inteiro. Nessa perspectiva, a criança deve ser vista como alguém que tem idéias próprias, sentimentos, vontades, que está inserida em uma cultura, que pode aprender matemática e que precisa ter possibilidades de desenvolver suas diferentes competências cognitivas.

Por esse motivo, nossa proposta didática está fundamentada, entre outros aspectos, na crença de que, para além de habilidades lingüísticas e lógico-matemáticas, é necessário que os alunos da Educação Infantil tenham chance de ampliar suas competências[1] espaciais, pictóricas, corporais, musicais, interpessoais e intrapessoais. Ao mesmo tempo, cremos que tais competências, quando contempladas nas ações pedagógicas, servem como rotas ou caminhos diversos para que os alunos possam aprender matemática.

Isso implica uma orientação do ensino que incorpore atividades que envolvam toda a gama de competências do aluno. Um exemplo disso é a preocupação em desenvolver atividades que exijam o corpo da criança em ação e a reflexão sobre os movimentos realizados. Tal fato significa que, ao mesmo tempo que propiciamos o desenvolvimento da competência corporal, podemos usar essa competência como porta de entrada para outras reflexões mais elaboradas, envolvendo contagens, comparações, medições e representações através da fala ou de desenhos.

Destacamos também que, em nossa concepção de trabalho, para que a aprendizagem ocorra ela deve ser significativa,[2] exigindo que:

- seja vista como a compreensão de significados;
- relacione-se com experiências anteriores, vivências pessoais e outros conhecimentos;
- permita a formulação de problemas de algum modo desafiantes, que incentivem o aprender mais;
- permita o estabelecimento de diferentes tipos de relações entre fatos, objetos, acontecimentos, noções, conceitos, etc.;
- permita modificações de comportamentos;
- permita a utilização do que é aprendido em diferentes situações.

Falar em aprendizagem significativa é assumir que aprender possui um caráter dinâmico, exigindo que as ações de ensino direcionem-se para que os alunos aprofundem e ampliem os significados que elaboram mediante suas participações nas atividades de ensino e aprendizagem. Nessa concepção, o ensino é um conjunto de atividades sistemáticas cuidadosamente planejadas, nas quais o professor e o aluno com-

---

[1] Sobre isso, ver Smole, Kátia Cristina Stocco. *A matemática na educação infantil: a teoria das inteligências múltiplas na prática escolar.* Porto Alegre: Artes Médicas Sul, 1996.

[2] Sobre isso, ver Coll, César. *Aprendizagem escolar e construção do conhecimento.* Porto Alegre: Artes Médicas Sul, 1994.

partilham parcelas cada vez maiores de significados com relação aos conteúdos do currículo escolar, ou seja, o professor guia suas ações para que o aluno participe em tarefas e atividades que o façam aproximar-se cada vez mais dos conteúdos que a escola tem para lhe ensinar.

No entanto, esse planejamento deve ser flexível e aberto a novas perguntas e a diferentes interesses daqueles estabelecidos inicialmente, os quais podem modificar momentaneamente os rumos traçados, mas que garantem o ajuste essencial para sincronizar o caminhar do ensino com o da aprendizagem.

A organização do espaço e o ambiente da sala de aula

Sem dúvida, o trabalho em classe tem uma importância bastante grande no desenvolvimento da proposta que apresentamos aqui, pois é nesse espaço que acontecem encontros, trocas de experiências, discussões e interações entre as crianças e o professor. Também é nesse espaço que o professor observa seus alunos, suas conquistas e dificuldades.

Dessa forma, é preciso que as crianças sintam-se participantes em um ambiente que tenha sentido para elas, a fim de que possam engajar-se em sua própria aprendizagem. O ambiente da sala de aula pode ser visto como uma oficina de trabalho de professores e alunos, podendo transformar-se em um espaço estimulante, acolhedor, de trabalho sério, organizado e alegre.

Sabemos que, enquanto vive em um meio sobre o qual pode agir, discutir, decidir, realizar e avaliar com seu grupo, a criança adquire condições e vive situações favoráveis para a aprendizagem. Por isso, o espaço da classe deve ser marcado por um ambiente cooperativo e estimulante para o desenvolvimento dos alunos, bem como deve fornecer a interação entre diferentes significados que os alunos apreenderão ou criarão a partir das propostas que realizarem e dos desafios que vencerem. Nesse sentido, os grupos de trabalho tornam-se indispensáveis, assim como diferentes recursos didáticos.

O ambiente proposto é um ambiente positivo, que encoraja os alunos a proporem soluções, explorarem possibilidades, levantarem hipóteses, justificarem seu raciocínio e validarem suas próprias conclusões. Dessa forma, nesse ambiente, os erros fazem parte do processo de aprendizagem, devendo ser explorados e utilizados de maneira a gerar novos conhecimentos, novas questões, novas investigações, em um processo permanente de refinamento das idéias discutidas.

Para finalizar nossas considerações sobre a organização do espaço e do ambiente, sublinhamos o papel da comunicação entre os envolvidos no processo de trabalho da classe. A comunicação define a situação que dará sentido às mensagens trocadas; porém, não consiste apenas na transmissão de idéias e fatos, mas, principalmente, em oferecer novas formas de ver essas idéias, de pensar e relacionar as informações recebidas de modo a construir significados. Explorar, investigar, descrever, representar seus pensamentos e suas ações são procedimentos de comunicação que devem estar implícitos na organização do ambiente de trabalho com a classe.

Exatamente porque representar, ouvir, falar, ler, escrever são competências básicas de comunicação, essenciais para a aprendizagem de qualquer conteúdo em qualquer tempo, sugerimos que o ambiente previsto para o trabalho contemple momentos para leitura e produção de textos, trabalhos em grupo, jogos, elaboração de representações pictóricas, leitura e elaboração de livros pelas crianças. Variando os processos e as formas de comunicação, ampliamos a possibilidade de significação para uma idéia surgida no contexto da classe. A idéia de um aluno, quando colocada em evidência, provoca uma reação nos demais, formando uma rede de interações e permitindo que diferentes competências sejam mobilizadas durante a discussão.

O trabalho do professor, nessa perspectiva, não consiste em resolver problemas e tomar decisões sozinho. Ele anima e mantém a rede de conversas, bem como coordena as ações. Sobretudo, ele tenta discernir, durante as atividades, as novas possibilidades que poderiam abrir-se à classe, orientando e selecionando aquelas que favoreçam a aproximação dos alunos aos objetivos traçados e à busca por novos conhecimentos.

A natureza das atividades previstas neste trabalho

Procuramos propor atividades nas quais os alunos possam ter iniciativa de começar a desenvolvê-las de modo independente e sintam-se capazes de vencer as dificuldades com as quais se defrontarem. Isto permite que eles percebam seu progresso e sintam-se estimulados a participar ativamente. Progressivamente, e de acordo com o desempenho dos alunos, as atividades tornam-se mais e mais complexas.

Estimular a criança a controlar e corrigir seus erros, seus avanços, rever suas respostas possibilita a ele descobrir onde falhou ou teve sucesso e por que isso ocorreu. A consciência dos acertos, dos erros e das lacunas permite ao aluno compreender seu próprio processo de aprendizagem e desenvolver sua autonomia para continuar a aprender. As atividades selecionadas para o presente trabalho devem prever tais possibilidades.

Todas as tarefas propostas nas atividades requerem uma combinação de competências para serem executadas e variam entre situações relativamente direcionadas pelo professor e outras nas quais as crianças podem agir livremente, decidindo o que fazer e como. Em todas as situações, tanto as colocações do professor quanto as dos alunos podem ser questionadas, havendo um clima de trabalho que favorece a participação de todos e a elaboração de questões por parte dos alunos. Isso só ocorre se todos os membros do grupo respeitarem e discutirem as idéias uns dos outros. As crianças devem perceber que é bom ser capaz de explicar e justificar seu raciocínio e que saber como resolver um problema é tão importante quanto obter sua solução.

Esse processo exige que as atividades contemplem oportunidades para as crianças aplicarem sua capacidade de raciocínio e justificarem seus próprios pensamentos durante a tentativa de resolução dos problemas que se colocam.

Acreditamos que, desde a escola infantil, as crianças podem perceber que as idéias matemáticas encontram-se inter-relacionadas e que a matemática não está isolada das demais áreas do conhecimento. Assim, as atividades organizadas para o trabalho não deveriam abordar apenas um aspecto da matemática de cada vez, nem poderiam ser uma realização esporádica.

Dessa forma, cremos que as crianças não só devam estar em contato permanente com as idéias matemáticas, mas também que as atividades, sempre que possível, devem interligar diferentes áreas do conhecimento, como acontece, por exemplo, com a *Resolução de Problemas*.

Resolução de Problemas de Matemática na Educação Infantil

É importante desenvolver resolução de problemas na Educação Infantil?

O que é, para uma criança da Educação Infantil, resolver um problema?

Será que, mesmo antes de ser leitora, uma criança já é capaz de resolver problemas nas aulas de matemática?

Que tipo de experiência com resolução de problemas as crianças deveriam ter?

Estas são algumas perguntas com as quais nos deparamos quando refletimos com os professores de Educação Infantil sobre sua prática de ensino de matemática. O objetivo deste livro é promover a reflexão sobre tais questões e oferecer idéias e sugestões de atividades para respondê-las.

Um dos maiores motivos para o estudo da matemática na escola é desenvolver a habilidade de resolver problemas. Essa habilidade é importante não apenas para a aprendizagem matemática da criança, mas também para o desenvolvimento de suas potencialidades em termos de inteligência e cognição. Por isso, acreditamos que a resolução de problemas deva estar presente no ensino de matemática, em todas as séries escolares, não só pela sua importância como forma de desenvolver várias habilidades, mas especialmente por possibilitar ao aluno a alegria de vencer obstáculos criados por sua própria curiosidade, vivenciando, assim, o que significa fazer matemática.

Para uma criança, assim como para um adulto, um problema é toda situação que ela enfrenta e não encontra solução imediata que lhe permita ligar os dados de partida ao objetivo a atingir. A noção de problema comporta a idéia de novidade, de algo nunca feito, de algo ainda não compreendido.

Dessa forma, a primeira característica da abordagem de resolução de problemas que propomos é considerar como problema toda situação que permita algum questionamento ou investigação.

Essas situações-problema podem ser atividades planejadas, jogos, busca e seleção de informações, resolução de problemas não-convencionais e, até mesmo, convencionais, desde que permitam o desafio, ou seja, desencadeiem na criança a necessidade de buscar uma solução com os recursos de que ela dispõe no momento.

Vejamos um exemplo de como crianças de seis anos agem quando confrontadas com a seguinte atividade: *Repartir 27 objetos em 7 envelopes de maneira que não haja menos de 3 nem mais de 5 em cada envelope.* Os primeiros processos que podemos observar nas tentativas de resolução são muito diversos. Há crianças para as quais 27 é uma quantidade *grande*, o que faz com que elas iniciem a resolução pensando em quantidades menores; há crianças que distribuem os objetos um a um; outras põem o máximo de objetos nos primeiros envelopes, outras dividem os objetos em montes de 3...

É comum que os alunos não percebam explicitamente todas as informações e restrições do problema, pois, ainda que todos os objetos sejam distribuídos, o número correto de envelopes ou o número de objetos por envelope nem sempre é respeitado.

Contrariamente ao que é esperado nas atividades de treino ou de aplicação, os alunos não reconhecem essa situação como sendo uma daquelas para as quais eles dispõem de um modelo de resolução.

Na atividade de divisão apresentada, uma vez repartidos todos os objetos, certas crianças verificam por si mesmas se há o número correto de objetos por envelope, ou notam que nem todos os envelopes foram utilizados. Nesse caso, podem, entre outros métodos, recomeçar a distribuição ou repartir os objetos em número excedente, ou fazer novos grupos de objetos e utilizar para isso novos procedimentos.

O confronto entre os resultados produzidos e os objetivos visados pode implicar ajustamentos, reorientações ou questionamento do método escolhido e incentivar uma busca em nova direção. Esse confronto necessário entre os resultados produzidos pelo aluno e as restrições da situação é um objetivo de aprendizagem na Educação Infantil, ou seja, a criança deve ser capaz de avaliar o resultado da sua ação.

Como professores, devemos observar que a resolução de problemas na Educação Infantil segue caminhos diferentes daqueles mais formais esperados na abordagem tradicional da matemática nas séries mais avançadas. Nessa faixa etária, as crianças precisam coordenar várias tarefas ao mesmo tempo. Portanto, é necessário elaborar um ou vários processos de resolução, por exemplo, realizando simulações, fazendo tentativas, formulando hipóteses, procurando resolver problemas mais simples para depois comparar os seus resultados com o objetivo a alcançar e assim controlar a evolução dos seus processos. A ênfase está mais no desenvolvimento de formas de pensar e de inteligências do que nos conceitos aritméticos.

Vejamos um outro exemplo que pode auxiliar-nos a compreender as características de nossa proposta para resolução de problemas.

Trata-se do Jogo de Boliche[3] proposto para turmas de cinco e seis anos de idade. O jogo tem como objetivo derrubar o maior número de garrafas, lançando-se uma bola de uma certa distância. O jogador faz pontos para cada garrafa derrubada.

De início, surgem vários problemas a partir das seguintes perguntas do professor: *Como nos organizaremos para jogar? Onde e como colocar as garrafas? Como marcar a posição do jogador? Quem joga primeiro? Qual a ordem dos jogadores?*

Essas questões são respondidas coletivamente, e é interessante observar que em várias turmas a arrumação das garrafas é feita em linha, e não na disposição tradicional, que permite derrubar mais garrafas a cada lançamento da bola. Com o tempo, essa arrumação das garrafas vai sofrendo modificações.

---

[3] Mais detalhes sobre este jogo no livro 1 desta coleção.

Crianças jogando boliche com as garrafas em linha.   Crianças tentando outra forma de arrumar as garrafas.

Depois de algumas jogadas, para as crianças familiarizarem-se com as regras e a forma de jogar, o professor pede que cada um marque quantas garrafas derrubou. Para essa faixa etária, a marcação dos pontos é parte da situação-problema, porque as crianças muitas vezes não dominam a contagem, nem a seqüência numérica e a grafia dos números.

Frente a esse desafio, surgem diferentes estratégias para marcar os pontos feitos. As crianças que não contam recorrem a um colega ou ao professor, algumas memorizam o total de garrafas derrubadas, outras coletam palitos ou tampinhas em número igual ao de seus pontos e outras ainda fazem registros mais elaborados, como traços no papel ou a grafia dos números.

Na classe, todos esses registros, que são sem dúvida respostas do problema proposto, são socializados com o cuidado de valorizar igualmente todas as formas usadas pelas crianças.

A seguir, o professor organiza uma lista com os nomes dos alunos e marca os pontos que cada um fez, eventualmente usando dois registros: marcas e números, como na tabela abaixo:

André	/ / / / /	5
Beatriz	/ /	2
Mariana	/ / /	3

Os dados organizados desse modo favorecem várias problematizações que vão sendo respondidas coletivamente ou por um aluno escolhido pelo professor: *Quem fez mais pontos? Quem fez quatro pontos? Quantas crianças fizeram dois pontos?*

E perguntas mais complexas, como: *Juntando os pontos de André e Mariana quantos pontos teremos? Quantos pontos André fez a mais que Mariana? Quantos pontos Mariana precisa fazer para alcançar André?*

Cada nova pergunta exige uma volta aos dados da tabela, contagens e comparações de quantidades. Muitas vezes, as crianças precisam recorrer a materiais ou a outras formas mais elaboradas para chegar à solução, como é o caso de juntar os pontos feitos por dois jogadores.

Algumas perguntas simplesmente não fazem sentido para determinadas crianças; portanto, essas perguntas não se constituem em um problema para elas. Isso pode ocorrer por vários motivos, seja pela linguagem envolvida, pelo desinteresse da criança em relação à situação ou pelos recursos de que ela dispõe para contar e operar com quantidades. De qualquer forma, o professor observador pode retomar essas questões com outra linguagem, com atendimento mais pessoal ou até em outra ocasião.

Contudo, mesmo que as perguntas mais ligadas à contagem e às operações apresentem dificuldades para as crianças, nada impede outras problematizações: *Como fazer para derrubar mais garrafas? O que é melhor usar, uma bola grande ou uma pequena? Por quê?*

Essas questões, assim como as feitas durante a organização inicial do jogo, são problemas que não possuem resposta única para as crianças e envolvem habilidades como formular hipóteses, argumentar e avaliar a adequação de uma resposta, bem como o desenvolvimento de atitudes como ouvir o outro, saber trabalhar de forma cooperativa e respeitar as regras combinadas pelo grupo.

Como podemos perceber, essa perspectiva de resolução de problemas tem como características ampliar o conceito de problema e, como conseqüência, saber problematizar. As perguntas formuladas dependem dos objetivos a serem alcançados. Isso pode parecer óbvio, porém é comum encontrarmos a concepção de que problematizar significa submeter as crianças a uma lista de perguntas formuladas pelo professor, mas sem que se tenha clareza do que se está buscando desenvolver no aluno. Sendo assim, na prática da resolução de problemas, é essencial o planejamento cuidadoso das atividades e do encaminhamento dos questionamentos.

No exemplo do Jogo de Boliche, as perguntas numéricas estão diretamente ligadas ao objetivo de desenvolver a contagem como recurso para quantificar, a comparação de quantidades, as idéias das operações e a escrita dos números. Já as demais perguntas estão mais ligadas ao desenvolvimento de habilidades e atitudes.

De fato, é preciso explicitar o que entendemos por conteúdos a serem trabalhados na Educação Infantil para podermos compreender muitas das sugestões com resolução de problemas que iremos propor neste livro.

Entendemos por conteúdo, além dos conceitos e fatos específicos de matemática, as habilidades necessárias para garantir a formação da criança, confiante em seu saber e capaz de iniciar a compreensão de alguns procedimentos para usá-los adequadamente. Dentro da idéia de conteúdo também estão as atitudes que permitem a aprendizagem e que contribuem para formar o cidadão.

Na Educação Infantil, de acordo com as propostas atuais de ensino e dadas as características tão diferenciadas dessa faixa etária, compõem nossos objetivos tanto o desenvolvimento de habilidades e atitudes quanto de conceitos que complementam essa formação, mas não são o seu centro.

Isso mostra que, para nós, a resolução de problemas possui uma outra característica importante que é a não-separação entre conteúdo e forma. Ou seja, não há método de ensino sem que esteja sendo trabalhado algum conteúdo, e todo conteúdo está intimamente ligado a uma ou mais formas adequadas de abordagem.

Assim, as problematizações devem ter como objetivo alcançar algum conteúdo que mereça ser ensinado e aprendido. E devemos planejar a escolha dos conteúdos e das atividades, porque elas devem conter boas questões que incentivem os alunos a aprender enquanto buscam suas respostas.

Outro aspecto que merece nossa atenção é que a problematização inclui o que chamamos de processo metacognitivo, isto é, quando se pensa sobre o que se pensou ou fez.

Cada nova pergunta exige uma volta ao que se sabe para enfrentar o desafio. Este voltar exige uma combinação de saberes e uma forma mais elaborada de raciocínio. Outras vezes, quando problematizamos uma atividade já feita, o fato de repensar sobre ela esclarece dúvidas que ficaram, aprofunda a reflexão e permite estabelecer outras relações entre o que se sabe e o que se está aprendendo.

Para desenvolver essas habilidades é necessário que, desde o início da escolaridade, as crianças sejam desafiadas a resolver problemas em situações especialmente planejadas para isso.

Além disso, os professores devem ter claro que as idéias e os procedimentos matemáticos que as crianças desenvolvem na infância apóiam a matemática que elas estudarão mais tarde e que os primeiros anos escolares podem desenvolver atitudes em relação à matemática, fazendo-as acreditar em sua capacidade de aprender. Assim é com a resolução de problemas, pois o desenvolvimento de uma atitude positiva para enfrentar e resolver situações-problema influenciará o sucesso futuro das crianças nessa atividade.

A ausência ou o lugar secundário conferido aos problemas no ensino de matemática para crianças ainda não-alfabetizadas tem conseqüências a longo prazo. Muitas vezes, essas atividades não são abordadas de forma sistemática, ou são planejadas somente a partir da segunda ou terceira séries. Para muitos professores dessas séries, a resolução de problemas constitui, então, uma tarefa difícil e mal compreendida pelos alunos. As questões que os alunos colocam com freqüência ao professor — *O que é preciso fazer?* ou *Está certo? Que conta resolve? É problema de mais? É de vezes?* — traduzem essas dificuldades.

Para confirmar o que acabamos de dizer, alguns estudos recentes que versam sobre os comportamentos de alunos confrontados com problemas não-habituais mostram que eles construíram uma representação do que é um problema em matemática caracterizada por alguns princípios equivocados, tais como *um problema tem números e todos os números têm que ser utilizados, um problema tem sempre uma só solução, há uma única maneira de responder: a que será dada na correção.* Comportamentos ligados a essas representações de problemas podem ser observados já no ensino fundamental, quando os alunos dispõem de várias operações, mas reduzem a resolução a apenas uma a ser efetuada com os dois primeiros números encontrados.

Em nosso trabalho na Educação Infantil, temos percebido que vários professores têm essa idéia do que seja problema, pois foram formados em um modelo de ensino centrado nos problemas propostos nos livros didáticos. Quando ampliamos nossa concepção de problema para situação-problema e os objetivos da matemática na Educação Infantil deixam de ser apenas *contar e escrever números,* caem por terra algumas crenças existentes entre os professores, as quais têm gerado a pouca atenção dada aos problemas.

A primeira dessas crenças é que *para resolver problemas é preciso que as crianças sejam leitoras.* Esse argumento é facilmente refutado, pois não saber ler ou escrever não é sinônimo de incapacidade para ouvir, falar, compreender ou pensar. Além disso, diariamente em seu cotidiano, as crianças, mesmo não-leitoras, são desafiadas por muitas situações que enfrentam e resolvem com tranqüilidade. Por que seria diferente na escola?

Na perspectiva de resolução de problemas que propomos, o professor é um leitor que pode colocar essa sua habilidade a serviço de seus alunos, e o trabalho com problemas é um dos elementos desencadeadores da aquisição da leitura e da escrita nos alunos em fase de letramento.

Uma segunda crença bastante difundida é que *para resolver problemas adequadamente a criança precisa ter conceitos numéricos*. Essa crença é ainda mais infundada do que a anterior, pois freqüentemente podemos problematizar situações não-numéricas como jogos, brincadeiras e situações da sala de aula e lembramos que os problemas com os quais nos deparamos tanto em nosso cotidiano quanto na própria matemática, não são necessariamente numéricos.

Um terceiro motivo para a posição secundária da resolução de problemas na Educação Infantil subjaz ao argumento de que *para resolver problemas as crianças precisam antes ter algum conhecimento sobre operações e sinais matemáticos*.

A maioria dos professores pensa sobre problemas como aplicações de técnicas operatórias, ao invés de um ponto inicial que pode levar a um cálculo. Kamii[4] afirma que o ensino de técnicas de cálculo que precede a apresentação de problemas verbais, na maioria dos livros, em vez de situações significativas para a criança, é uma manifestação da convicção de que sem essas técnicas as crianças não conseguirão raciocinar aritmeticamente. A aritmética não nasce da técnica, e sim da capacidade que a criança possui de pensar logicamente.

Assim, em vez de pensarmos sobre os problemas como sendo desta ou daquela operação, deveríamos considerá-los como perguntas que as crianças tentam responder pensando por si mesmas. Dessa forma, não se exige nada além das capacidades naturais que toda criança tem de se encantar por desafios.

Isso pode ser visto nos exemplos de resolução empregados por dois alunos de seis anos para um problema que pode ser considerado convencional e numérico. Eles optaram por desenhar a situação para obter a resposta adequada ao que era pedido.

---

[4]Kamii, C. e Livingston, S.J. *Desvendando a aritmética: implicações da teoria de Piaget*. Tradução de Marta Rabigliolio e Camilo F. Ghorayeb. Campinas: Papirus, 1995.

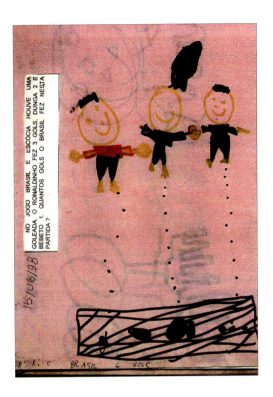

Rever essas concepções é um dos primeiros passos que o educador pode dar para melhorar a abordagem de problemas em suas aulas. Também é importante dizer que a proposta de resolução de problemas não deve restringir-se a uma simples instrução de como se resolve um problema ou determinados tipos de problemas. Não se trata também de considerar a resolução de problemas como um conteúdo isolado dentro do currículo.

Resumindo, acreditamos que a resolução de problemas é uma forma de desenvolver o trabalho em classe. É uma perspectiva metodológica através da qual os alunos são envolvidos em *fazer matemática*, isto é, eles se tornam capazes de formular e resolver por si questões matemáticas e, pela possibilidade de questionar e levantar hipóteses, adquirem, relacionam e aplicam conceitos matemáticos.

Sob esse enfoque, resolver problemas na Educação Infantil é um espaço para comunicar idéias, pelo fazer colocações, investigar relações, adquirir confiança em suas capacidades de aprendizagem. É um momento para desenvolver noções, procedimentos e atitudes frente ao conhecimento matemático. Uma abordagem por resolução de problemas auxilia os alunos a darem sentido aos conceitos, às habilidades e às relações que são essenciais no currículo de matemática desse segmento escolar.

Essa mudança de postura também exige que tenhamos um trabalho planejado, constante e que utilize muitas e variadas fontes de problematização, desde aquelas que surgem no cotidiano dos alunos até as propostas mais elaboradas que o professor pode fazer.

Para auxiliar o trabalho com resolução de problemas destacaremos alguns pontos que consideramos importantes tanto para orientar as escolhas e as interferências do trabalho do professor como para exemplificar e aprofundar as características da resolução de problemas que tentamos descrever neste capítulo.

Assim, na seqüência do livro, iremos inicialmente propor alguns cuidados e orientações de natureza didática e observar como as crianças resolvem problemas mesmo sem os recursos da leitura e da escrita e das representações matemáticas.

Planejando o Trabalho com Resolução de Problemas

Uma primeira preocupação dos professores da Educação Infantil é quanto à forma de iniciar esse trabalho, especialmente com crianças de três a quatro anos. Mesmo com as crianças mais velhas é recomendável iniciar pela proposta mais simples, que é a problematização oral de situações próximas do aluno.

Situações que envolvem a distribuição de materiais em sala de aula, a tomada de decisão sobre como se organizarem para uma atividade, os jogos de regras simples, a problematização a partir de uma imagem ou gravura são algumas maneiras de propor os primeiros problemas, sendo que a oralidade é o primeiro recurso para comunicar o problema e para os alunos exporem suas hipóteses e resoluções.

Depois da familiarização das crianças com as situações-problema na linguagem mais simples, à medida que a criança ganha confiança em suas formas de pensar e busca estratégias mais precisas para comunicar seus pensamentos, as maneiras de propor e de resolver problemas podem ser mais elaboradas.

No decorrer deste livro, analisaremos com mais detalhe tanto essas formas iniciais de propor e resolver problemas quanto as mais complexas. No entanto, algumas recomendações são de natureza genérica e podem auxiliar o planejamento do trabalho.

Se quisermos desenvolver todas as habilidades envolvidas no processo de resolver problemas de modo complementar ao desenvolvimento da linguagem, da socialização, do conhecimento de si mesmo e do espaço que cerca a criança, será preciso planejar as ações para organizar de forma alternada tanto os tipos de problemas propostos como as dinâmicas de sala de aula.

Nesse sentido, para que a resolução de problemas caracterize-se como a ação de engajamento na busca da solução de uma situação, com confiança e liberdade para escolher sua forma de pensar e relatar essa resolução, podemos escolher as situações-problema tanto entre aquelas que envolvem números, contagens e noções das operações quanto entre as situações não-numéricas. Isso deve ocorrer para que as problematizações não fiquem restritas às situações mais convencionais ou àquelas que orientam o trabalho apenas para o desenvolvimento dos conceitos numéricos ou aritméticos.

O desenvolvimento da compreensão e do uso das diferentes linguagens – oral, gestual, pictórica e textual – ganha espaço neste trabalho. A proposição, assim como a resolução, das situações-problema pode usar essas diferentes formas de linguagem e comunicação.

O trabalho coletivo alternado com a organização em pequenos grupos, duplas e até individualmente, gera diferentes formas de relacionamento entre os alunos e entre eles e o professor, de modo que durante o processo de resolução o aluno possa desenvolver-se mais integralmente. A escolha do tipo de organização da classe dependerá também dos objetivos da atividade e das características do grupo de alunos.

Uma outra observação, de natureza geral, diz respeito à proposição de problemas para alunos não-leitores através da leitura do professor. Se o aluno não lê, o professor pode ler o problema para ele e propor que, em uma folha, encontre um meio para expressar a solução. Também é possível que algum aluno da classe faça a leitura e que todos discutam o problema oralmente.

As possibilidades são muitas e, certamente, o professor encontrará outras formas de trabalhar com problemas com as crianças não-leitoras. No entanto, é necessário que façamos um alerta. Ao ler para a classe um problema, convencional ou não, o professor deve ter o cuidado de fazer a leitura sem enfatizar determinadas palavras. É fundamental que o professor **não** diga: Toda vez que aparecer a palavra *juntar* vocês somam, ou Se aparecer a expressão *a mais*, ou *a menos*, o problema é de subtração.

A ênfase nessas palavras-chave pode levar a dificuldades e erros por parte dos alunos. Vejamos um exemplo a partir do seguinte problema:

Paulo tinha ao todo 5 figurinhas e perdeu 2 no jogo. Quantas figurinhas ele tem agora?

Para um aluno que ouviu muitas vezes seu professor dizer que a expressão **ao todo** significa adição, a solução desse problema pode ser 5 + 2, pois ele não analisa o que leu, mas apóia-se na palavra-chave destacada em sua memória.

Assim, ao ler o problema para os alunos, ou com eles, é preciso cuidar para que a leitura seja isenta, isto é, o professor não pode tentar facilitar o processo, mas deve fornecer elementos com os quais possam buscar, investigar, analisar e, por si mesmos, encontrar a solução para o que foi proposto.

Uma última observação sobre a leitura dos problemas é que com freqüência, ao ler ou ouvir um problema, o aluno encontra dificuldades porque não conhece os termos, ou palavras, que nele aparecem. As dúvidas referentes a isso podem ser superadas com o uso de algumas estratégias por parte do professor:

- levantar com o aluno as palavras desconhecidas, fazer uma lista e colocar ao lado de cada uma o significado correspondente;
- dramatizar o problema;
- levar a classe a fazer uma leitura mais lenta do problema.

Com esse trabalho, acreditamos que o aluno irá formando hábitos de pensamentos que lhe permitirão ganhar autonomia para a resolução de problemas ao mesmo tempo em que avança na compreensão e no domínio dos processos de leitura.

A última observação diz respeito à freqüência desse trabalho em sala de aula. O ideal é que as problematizações sejam uma constate nas aulas e que, no planejamento de toda semana haja uma situação-problema a ser discutida e resolvida. Se desejamos que o espírito crítico dos alunos desenvolva-se juntamente com a linguagem e os conhecimentos de natureza mais matemática, é preciso que os alunos estejam regularmente envolvidos em momentos de trabalho que possibilitem atingir todas estas facetas de sua aprendizagem.

No decorrer deste livro, poderemos observar mais atentamente como os diversos recursos de comunicação, os diferentes tipos de situações-problema e as diferentes formas de organização da sala de aula podem estruturar as ações didáticas na perspectiva da resolução de problemas, tanto no que diz respeito às atividades do aluno quanto ao posicionamento do professor em relação a esse trabalho.

Depois nos deteremos em mostrar diferentes tipos de sugestões para a sala de aula com vários comentários resultantes de nossa experiência e reflexão junto a professores e alunos. Queremos discutir também a importância da criança inventar seus próprios problemas e faremos uma síntese que pretende auxiliar o professor nas questões relativas ao planejamento de suas ações e às formas de avaliar a aprendizagem de seus alunos e o seu próprio trabalho. Por fim, apresentamos uma problemoteca, ou seja, uma coletânea de problemas variados para serem utilizados em aulas de matemática na Educação Infantil.

4
Resolvendo Problemas e Registrando Soluções

Nossa primeira preocupação é que, ao resolver problemas, os alunos sejam capazes de imaginar, construir e buscar diferentes resoluções por diversos caminhos. No entanto, acreditamos que é importante que eles percebam, em algum momento, a necessidade de registrar suas soluções para comunicar idéias, garantir autorias e pensar sobre o caminho utilizado na resolução. Nesse ponto do trabalho explicitaremos os principais tipos de registros que podem ser utilizados na Educação Infantil em atividades que envolvem a resolução de problemas.

Ao desenvolver processos de registro com os alunos, é importante destacar que uma das tarefas básicas da escola é formar, em todas as áreas do currículo, crianças que sejam capazes de ler e escrever com autonomia.

Assim, como já dissemos, ouvir, falar, ler e escrever são competências básicas para que os alunos aprendam conceitos em qualquer tempo e servem tanto para levá-los a interagir uns com os outros quanto para que desenvolvam uma melhor compreensão das noções envolvidas em uma dada atividade, pois qualquer meio que sirva para registrar ou transmitir informação incentiva a capacidade de compreensão e de análise sobre o que se está realizando. É nesse contexto de valorização da comunicação nas aulas de matemática que propomos as diversas possibilidades de registro em situações-problema.

O modo mais natural para a maioria dos alunos de Educação Infantil registrarem o que fizeram ou pensaram é através da oralidade, porque quase todos chegam à escola com capacidade de se expressar oralmente. Além disso, a linguagem oral é um recurso de comunicação simples, ágil e direto, que permite revisões rápidas e que pode ser interrompido ou reiniciado assim que se percebe uma falha ou inadequação.

Oportunidades para os alunos falarem nas aulas faz com que eles sejam capazes de conectar sua linguagem, seu conhecimento, suas experiências pessoais com a linguagem da classe e, progressivamente, com as expressões e o vocabulário específicos da área em que se está trabalhando.

Particularmente em matemática, cada vez que se pede a um aluno para dizer o que fez e por que, para verbalizar os procedimentos que adotou, para relatar enfim suas reflexões pessoais, estamos permitindo que modifique conhecimentos prévios, reflita sobre o que fez e elabore significados para as idéias e os procedimentos matemáticos envolvidos na situação que estiver sendo trabalhada.

Na resolução de problemas, a discussão oral possibilita ainda que os alunos possam conhecer diferentes processos de pensamento, testar hipóteses, explicitar o que sabem e quais dúvidas apresentaram. Também estimula o exercício coletivo de escutar um ao outro, a confiança em si mesmos, a capacidade de se exporem publicamente e discutirem diversos pontos de vista.

No caso específico da resolução de problemas, as resoluções orais fazem com que todos os alunos tenham chance de, segundo seu próprio ritmo, compreender e resolver o problema proposto.

Podemos estimular a oralidade na resolução de problemas de dois modos diferentes: na resolução coletiva de uma dada situação e na discussão das diferentes formas de resolver um problema.

Na resolução coletiva, o professor propõe um problema ou uma situação à classe e todos discutem oralmente como resolvê-lo. Essa é uma forma de resolução compartilhada na qual a classe toda interpreta, discute e resolve a situação proposta.

Para estimular esse tipo de solução, o professor pode utilizar uma variedade de propostas; uma delas é a *caixa-surpresa,* que consiste em o professor, ou um aluno, colocar um objeto dentro de uma caixa fechada sem que os demais participantes vejam o que é. Ao resto do grupo cabe tentar adivinhar o que há na caixa fazendo perguntas sobre o objeto, como, por exemplo: *É de comer? É de plástico? Serve para brincar?*

A pessoa que escondeu o objeto na caixa só pode responder às perguntas da turma dizendo sim ou não. Com base nas perguntas feitas e nas respectivas respostas, todos tentam descobrir o objeto escondido.

Nessas situações, é comum que algumas crianças falem mais que outras, que várias estabeleçam relações e comecem a analisar a qualidade das perguntas feitas, que discutam entre si as possíveis soluções para o desafio proposto. Assim, quanto mais estimuladas forem, quanto mais curiosas ficarem, melhor serão as hipóteses levantadas e mais desafiador para elas será encontrar a resposta.

Em uma classe de cinco anos que estava realizando a *atividade* da *caixa-surpresa,* uma criança perguntou se o que havia na caixa era grande. Antes que a professora dissesse sim ou não, uma segunda criança interferiu: *Você acha que se fosse grande cabia aí nessa caixa?*

Em outro momento, um aluno perguntou se o objeto era de comer, e a professora respondeu que não. Um pouco depois, uma outra criança questionou se na caixa havia uma fruta, ouvindo um não como resposta. Imediatamente, uma terceira criança interferiu: *Você não tinha que fazer essa pergunta, porque já sabia que na caixa não havia nada para comer.*

Outra possibilidade de resolução oral de problemas é o professor propor que os alunos resolvam o problema sozinhos, que não respondam imediatamente às questões propostas e que pensem um pouco sobre o que o problema traz, para só então falar.

Após esse tempo importante para que todos tenham a chance de pensar por si mesmos, o professor pede que cada aluno diga como pensou e como propõe que o problema seja resolvido.

As soluções são então analisadas, discutidas e selecionadas segundo sua adequação à situação proposta. Nessa modalidade de discussão das soluções, os alunos que apresentam suas resoluções são escutados pelos demais que, só depois, fazem perguntas, analisam e expressam opiniões. Ao professor, como veremos posteriormente de modo mais detalhado, cabe a tarefa de garantir a análise coletiva das respostas e a chance de que todos que quiserem possam falar.

Em uma classe de seis anos, a professora propôs o seguinte problema:

João estava perto do elevador, indo para seu apartamento, quando acabou a luz. O que ele deve fazer?

Veja algumas soluções apresentadas pelos alunos após pensarem algum tempo sobre a solução:

- Vai pela escada.
- Senta e espera a luz voltar.
- Telefona para a mãe e avisa que não pode subir.
- Telefona para a Eletropaulo vir arrumar o poste.

As diferentes soluções indicam que, embora estivessem resolvendo o problema oralmente, no coletivo da classe, os alunos buscaram formas próprias de resolução, o que contraria a crença de muitos professores de que apenas trabalhando sozinhos e em silêncio os alunos são capazes de resolver problemas por si mesmos.

Apesar da relevância da oralidade para a resolução de problemas, é importante que os alunos sejam estimulados a desenvolver outros tipos de registros em situações-problema para que possam ampliar sua capacidade de comunicação, pois na escola convivem diferentes formas de registro que foram desenvolvidas para expressar atos, pensamentos e palavras.

Nesse sentido, variar os processos de registro com as crianças é ampliar a possibilidade de significação para uma idéia e permitir que o aluno adquira modos de expressão cada vez mais sofisticados. Por isso, além da oralidade, sugerimos o registro através de desenho, da escrita e da linguagem matemática.

O desenho e a resolução de problemas para crianças não-leitoras

Sabemos que o uso de desenhos é praticamente inerente às propostas de trabalho na Educação Infantil. O desenho, para além de aspectos artísticos, serve como um recurso para documentar vivências, experiências, sensações e expressar tudo o que for apresentado de significativo para a criança.

Além disso, para o aluno da Educação Infantil, o desenho é sua primeira linguagem gráfica, sua forma de expressar no papel as percepções do mundo que o cerca e daquilo que cria, fantasia e deseja.

Seja por sua relação direta com as propostas pedagógicas da Educação Infantil, seja porque as crianças sentem-se naturalmente encantadas com o ato de desenhar, sugerimos o registro da resolução de problemas através do desenho ou em registros pictóricos.

No trabalho com resolução de problemas, o desenho é importante não só para o aluno expressar a solução que encontrou para a situação proposta, mas também funciona como um meio para que a criança reconheça e interprete os dados do texto. Para um aluno que ainda não é leitor, o desenho pode servir para sustentar os significados do texto. Nesse sentido, o desenho na resolução de problemas representaria tanto o processo de resolução quanto a reescrita das condições propostas no enunciado.

Vejamos, por exemplo, como Cláudia e Júnior, de seis anos, responderam ao problema: *Na hora do almoço, você bateu o cotovelo no prato de sopa e derrubou tudo no uniforme e no chão. O que você vai fazer?*

Nessas resoluções, aparecem claramente as duas funções do desenho que acabamos de mencionar: interpretação dos dados e apresentação da solução. Observando o primeiro registro, percebemos que há claramente duas partes distintas. Na primeira cena, aparecem mãe e filha sentadas à mesa. Quando a sopa cai, a mãe diz: *IXI*. As costas da cadeira marcam a separação com a cena seguinte, na qual a criança trocou a camiseta e a mãe diz: *Agora sim*. No segundo desenho, Júnior apenas retrata a solução: ficaria em casa assistindo à televisão. Observe a sala, a estante, a televisão e ele no sofá com o controle remoto na mão.

Podemos notar que apareceram soluções diferentes para o mesmo problema. Isso ocorre porque cada aluno tem a oportunidade de pensar por si e expressar-se sobre isso. Ao final do trabalho, é possível conduzir uma discussão sobre essas soluções, o que permite ao aluno perceber vantagens e desvantagens nas diferentes soluções, desenvolver uma variedade de representações, buscar processos de solução com mais confiança e adquirir autonomia na resolução de problemas.

É preciso que a criança perceba que uma representação em matemática comunica uma maneira de pensar, exprime significados, impressões, etc. Além disso, ser produtor, avaliador e intérprete de diferentes formas de representação dos registros de suas produções produz transformações e permite ao aluno compreender melhor o funcionamento, a adequação, as regras e a validade dos registros feitos. Vejamos um outro exemplo, agora envolvendo números.

Após ir ao zoológico com sua classe, uma professora propôs o seguinte problema, usando como personagem um aluno da classe:

Paulo foi ao zoológico e viu dois macacos, um leão, uma girafa e dois elefantes. Quantos animais Paulo viu?

Analisaremos alguns dos registros produzidos pelas crianças:

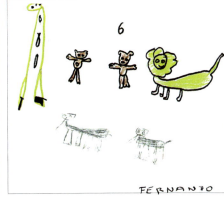

Observando os registros anteriores, notamos que em todos eles os animais mencionados no texto do problema aparecem desenhados e nas quantidades correspondentes. Também é possível perceber que nos três registros o número seis, resposta do problema, aparece destacado.

Além disso, cada criança expressou-se de acordo com sua percepção da situação, com a necessidade de mostrar como interpretou o problema e com seu estilo próprio de desenhar.

Assim, Fernando desenhou apenas os animais, porque se ateve mais às quantidades de cada bicho indicadas no texto; Fabiana trouxe elementos do zoológico para sua solução – as jaulas e os bichos dentro delas – e Paola fez um desenho que ainda se assemelha a uma garatuja, mas que foi suficiente para que ela conseguisse resolver o problema.

Há crianças que, ao resolver um problema por desenho, fazem desenhos figurativos outras fazem desenhos esquemáticos, como bolinhas, risquinhos e diagramas, mas nem por isso podemos interpretar que há uma diferença de capacidade entre as duas formas de representação pictórica, ou que uma é melhor que a outra.

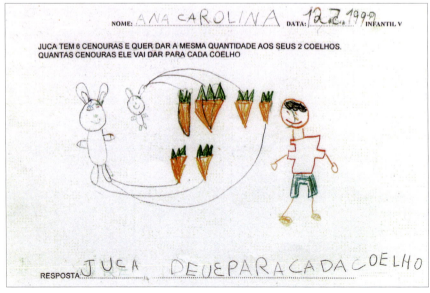

A opção por um desenho mais figurativo ou esquemático é apenas uma questão de preferência da criança por um determinado sistema de representação na hora de resolver problemas. Ou seja, não há a melhor forma de desenhar, não há uma forma única, não devemos ensinar como desenhar para resolver um problema e nem devemos tornar o desenho obrigatório. Devemos, sim, estimular que as crianças encontrem a forma que for melhor e mais significativa para cada uma seja oral, pictórica ou escrita.

O registro escrito

Em várias ocasiões nas quais os alunos de Educação Infantil resolvem problemas, podemos propor o registro das soluções encontradas, ou do próprio processo de resolução, em forma de texto escrito.

Dissemos anteriormente que escrever em uma atividade auxilia os alunos a organizarem suas reflexões, registrarem suas dúvidas e aprendizagens. Assim, esse recurso em resolução de problemas aparece com muita importância quando, com alunos de cinco ou seis anos, começamos a caminhar para registros mais sistemáticos da resolução. O texto pode ser feito coletivamente, com o professor assumindo o papel de escriba, ou individualmente, se os alunos já escrevem.

Temos proposto o registro em forma de texto durante ou após a discussão das soluções e, em ambos os casos, ele serve para formalizar as respostas validadas pela classe. Para organizar o texto, se ele for coletivo, o professor estimula que os alunos falem sobre suas soluções, pois essa conversa servirá como fio condutor da escrita. Convida, então, a classe para ajudar na elaboração do texto, intervém propondo discussões sobre a organização das idéias e fica atento para que as soluções sejam claras e coerentes com a situação proposta. Podemos ver um exemplo de resolução escrita no registro abaixo, produzido por uma classe de seis anos:

SOLUÇÕES DA SITUAÇÃO - PROBLEMA :
"A NOSSA CLASSE FOI PASSEAR NO ZOOLÓGICO.
QUANDO TODOS ESTAVAM OLHANDO OS BICHOS,
A PROFESSORA DISSE :
-AGORA, CADA UM PODE FAZER O QUE QUISER.
LOGO DEPOIS, O GUARDA VEIO AVISAR QUE O LEÃO
TINHA FUGIDO DA JAULA.E AGORA O QUE VOCÊ VAI
FAZER ?

ANA CAROLINA -PEDIA AJUDA PARA PRENDER O LEÃO

ANA LUÍSA   -UM MENINO BATIA COM CHICOTE NO LEÃO E ELE ENTRAVA NA JAULA;

ANDRÉA   - COLOCAVA UMA COLEIRA NO LEÃO E LEVAVA PARA JAULA;

BRUNA   - IA FALAR PARA O GUARDA QUE O LEÃO TINHA FUGIDO;

CAMILA   - A PROFESSORA FALAVA QUE TODOS DEVERIAM IR PARA O ÔNIBUS E PEDIA AO GUADA PARA PEGAR O LEÃO E COLO-CÁ-LO NA JAULA;

CLARA   -ESPIAVA

FELIPE G.   - PEGAVA O LEÃO PELA CORRENTE E COLOCAVA DENTRO DA JAULA;

FELIPE R.   - ENTRAVA NO CARRO, PEGAVA A METRALHADORA E ATIRA-VA NELE;

FERNANDA S.-   PEGAVA UMA CORDA E "DAVA" NELE E LEVAVA O LEÃO PARA A JAULA;

FERNANDA T. - PEGAVA O LEÃO E COLOCAVA NA JAULA;

FERNANDA N.-   O GUARDA IA PROCURAR O LEÃO E AS CRIANÇAS IAM VOLTAR PARA ESCOLA;

FERNANDO -   PEGAVA UMA BOMBA E ATIRAVA NELE PARA MORRER;

GABRIEL   -   CHAMAVA UM PALHAÇO PARA CORRER ATRÁS DO LEÃO E ATIRAVA COM UMA ARMA;

GIOVANNA -   IA CHAMAR UM GUARDA;

GIULIA   -   FICAVA ESCONDIDA E FUGIA DO ZOOLÓGICO;

Conforme os alunos desenvolvem habilidades de leitura e escrita, muitas vezes passam a escrever por si mesmos a solução que encontram para um dado problema. Vemos isso no registro que segue, produzido por crianças de seis anos, para o problema:

Tenho 10 palitos e vou tirar 3. Quantos ficam? O que acontece se eu tirar 2 palitos?

Se eu tirar 1 palito ficam 9.
Se eu tirar 3 palitos ficam 7. Se eu tirar 2 palitos vai ficar 8.

Com o passar do tempo, podemos observar algumas crianças utilizando diferentes representações – escrita, pictórica e até numérica – na solução de problemas, o que faz com que observemos um desenvolvimento sensível de formas mais elaboradas de representação, um aumento do poder da análise de cada situação, uma maior capacidade de avaliação dos resultados e muita confiança nas próprias soluções. Os seguintes exemplos de resolução do problema *Um cachorro tem 4 patas, quantas patas têm três cachorros?* ilustram o que estamos falando.

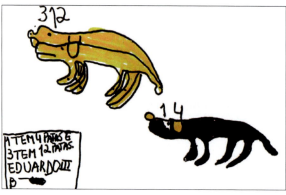

Registrando as soluções aritmeticamente

Não é essencial que se exija dos alunos de Educação Infantil que usem sinais aritméticos para expressar a solução de seus problemas. No entanto, levá-los a resolverem problemas por meio de diferentes representações, criando procedimentos próprios, não deve ser entendido como uma desvalorização do uso da linguagem matemática ou um modo de atribuir a ela um papel secundário.

Sabemos que não é fácil para a criança expressar-se na linguagem convencional da matemática, que a exigência precoce de técnicas operatórias pode inibir a compreensão de um problema e que a aquisição da linguagem matemática é uma conquista lenta, progressiva, fruto de interações sociais e de muitas oportunidades para se expressar de modo original.

Ainda assim, não devemos acreditar que, se os alunos compreenderem os significados de conceitos e procedimentos matemáticos, eles não terão dificuldades em dominar a linguagem formal. Isso equivaleria a dizer que alunos que falam bem, que lêem com facilidade e compreensão não necessitam de ajuda para produzir textos escritos, porque um dia escreverão sozinhos.

Para se expressar em linguagem matemática, é preciso que a criança domine uma série de regras e convenções sobre essa linguagem para usá-la adequadamente, o que não ocorre rapidamente e exige a intervenção do professor.

Queremos dizer com isso que, assim como se preocupa com o fato de que os alunos desenvolvam habilidades de escrita em língua materna, que eles se apropriem das regras de funcionamento dessa mesma língua e que possam ter um tempo para que isso ocorra, o professor deve dispensar os mesmos cuidados com a linguagem matemática.[5] No entanto, não há exigência de que isso se dê na Educação Infantil.

As crianças recorrem ao desenho, à linguagem materna oral ou escrita com maior naturalidade porque isso lhes permite explicitar mais facilmente os significados presentes no texto, tais como palavras, cenas, informações, operações e, assim, construir uma representação mental desses significados.

Temos notado também que, seja pela ênfase dada aos processos de comunicação ou mesmo pelas relações que os alunos da Educação Infantil têm com outras crianças e adultos, é comum eles sentirem necessidade de enriquecer suas representações, o que implica modificar suas formas de registrar as soluções de problemas.

Nesse momento, *se surgir a necessidade,* pode ser adequado informar a criança de que as palavras podem ser substituídas por um sinal específico e apresentar os sinais de adição, igualdade e subtração.

A apresentação dos sinais pode ser feita gradativamente, em situações nas quais o professor nota o envolvimento natural da criança, o que propicia a compreensão do uso da escrita aritmética, como no caso de uma situação de jogo.

Assim, ao realizar o Jogo de Boliche duas ou três vezes com sua classe, o professor pode pedir aos alunos que marquem seus pontos na tabela com cores diferentes para cada dia:

André	///// /// //
Beatriz	// ///// /////
Mariana	/// /// ////

---

[5] Sobre isso, veja Teberosky, Ana *et al. Além da alfabetização: a aprendizagem fonológica, ortográfica, textual e matemática.* São Paulo: Ática, 1996.

Quando for discutir com a classe o total de pontos de cada um, o professor pode organizar uma outra tabela na qual apresenta outro modo de registrar o total de pontos que não seja com risquinhos:

André	///// /// //	5 mais 3 mais 2	5+3+2	10
Beatriz	// //// /////	2 mais 4 mais 5	2+4+5	11
Mariana	/// /// ////	3 mais 3 mais 4	3+3+4	10

Durante um tempo, toda vez que desejar que os alunos usem o sinal, é aconselhável que o professor também utilize a escrita da palavra *mais*. Isso ocorre porque, ao usar diferentes linguagens – materna, pictórica, aritmética – para expressar transformações numéricas ou operações, os alunos podem relacionar as representações entre si e ter consciência das regras que fazem a passagem de uma para a outra, bem como das vantagens e desvantagens de cada representação em uma dada situação.

Aqui cabe um alerta. Ao introduzirmos o uso dos sinais aritméticos, é importante **não** utilizarmos com os alunos representações como:

Essas representações aparecem até mesmo em livros didáticos e, geralmente, são utilizadas com a justificativa de facilitar a compreensão dos alunos sobre o uso de sinais. No entanto, além de serem imprecisas, são matematicamente incorretas, porque os sinais matemáticos são usados apenas entre números na aritmética ou para expressar relações algébricas. Às vezes, as crianças utilizam essas expressões por si mesmas e nesse caso devemos encarar isso como uma fase de sua expressão aritmética que irá sendo substituída por formas mais precisas.

Ao professor que soar estranho essa observação basta lembrarmos que, durante a construção e a apropriação da língua escrita, muitas vezes os alunos escrevem, por exemplo, CAXORRO, querendo dizer cachorro. Como responsáveis por sua alfabetização, aceitamos essa forma como natural, mas não ensinamos que escrevam assim.

Por fim, queremos dizer ao professor[6] que, ao iniciar as representações aritméticas, é comum que os alunos indiquem: apenas o resultado, apenas os dados do problema, os dados e o resultado, mas sem nenhum sinal matemático, a representação não-convencional de dados e do resultado, usando para isso uma mistura de desenhos, sinais, linguagem materna, até chegarem finalmente à representação convencional, o que pode ou não ocorrer na Educação Infantil.

É preciso que, nessa fase da escolaridade, os alunos percebam que há muitas maneiras de resolver problemas, que todas são válidas e que o que importa para encontrar uma boa solução é saber o que se faz e por que se faz.

Vejamos exemplos dessas representações analisando como alunos de seis anos resolveram o problema: *Se contarmos todos, quantos olhos há nessa classe?*

---

[6] Lerner, Délia. *A matemática na escola aqui e agora.* Porto Alegre: Artes Médicas Sul, 1997.

Cléber

Daniel

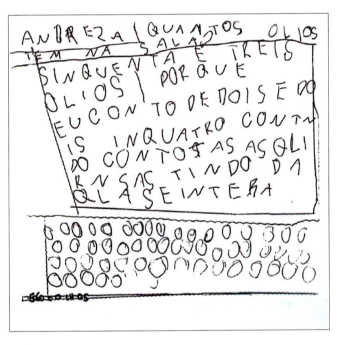
Andreza

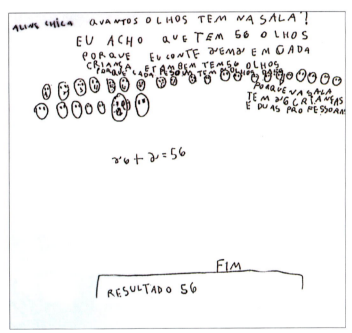
Aline

Podemos ver que Cléber apenas expressou o número de olhos; já Daniel desenhou a solução; Andreza escreveu a solução e representou-a com desenhos e Aline utilizou o texto para explicar sua resolução, desenho para ilustrar o texto e a linguagem matemática para reforçar sua conclusão.

Podemos observar que traduzir por escrito os termos de um problema ou as relações entre os números depende de uma aprendizagem que exige que tais relações tenham significado para a criança. Esse significado, muitas vezes, é expresso por palavras ou desenhos antes de poder ser traduzido por sinais.

Na busca por encontrar a solução, o importante para que os alunos evoluam em suas representações é criar condições que, lhes permitam compreender as razões que fundamentam a representação aritmética e perceber que essa forma de registro da resolução de um problema possibilita uma maior economia de tempo e precisão na expressão das relações numéricas apresentadas no problema.

Para concluir essas considerações sobre registros na resolução de problemas na Educação Infantil, gostaríamos de dizer que a aquisição de um sistema mais complexo de representação não deve inibir a utilização de outros aparentemente mais simples.

Na resolução de problemas, os alunos optam por uma ou outra forma de representação tanto pelo contexto ou pela estrutura do problema quanto por sua própria segurança, e não necessariamente devido à operação envolvida no problema. Assim, geralmente não há uma norma, nem uma obrigatoriedade, nem mesmo um tempo predeterminado para que um aluno da Educação Infantil utilize essa ou aquela forma de representação. É comum que muitos alunos, mesmo após terem conhecimento dos números e sinais e usá-los adequadamente, optem por expressar a operação envolvida no problema usando desenhos ou textos.

O que se espera é que, desde a Educação Infantil, os alunos percebam que aprender uma linguagem, inclusive a matemática, não é aprender uma série de regras sem sentido, e sim adquirir um grau de competência comunicativa que permita utilizar essa linguagem adequadamente nas mais variadas situações.

Como Observar, Interferir e Registrar

No trabalho com resolução de problemas, uma das funções do professor é observar as ações das crianças e interferir para que elas avancem e superem obstáculos, podendo expressar-se em diferentes situações, resolvendo, questionando e justificando o seu processo de resolução de um problema. É importante que a criança compreenda que lhe compete dizer se foi ela, ou uma outra criança, que resolveu o problema proposto, ou se ela resolveu só uma parte do problema, se não conseguiu resolver, que enganos cometeu e ter espaço para justificar o seu raciocínio.

Parece importante que, enquanto os alunos resolvem problemas, o professor dê a eles o tempo que for necessário. A sua função é dar referências para os processos empregados e as dificuldades encontradas, previsíveis ou não, e decidir em tal circunstância se deve prosseguir o trabalho em um outro momento.

Ao discutir as resoluções, o professor organiza a confrontação das propostas dos alunos e estabelece as condições em que cada um pode intervir para explicar a sua solução, para questionar ou para contestar. Nesse debate relativo aos resultados e aos procedimentos, o professor ajuda a reformular, a repensar, a conduzir uma nova problematização, sem pôr em evidência uma única solução.

Uma interferência interessante do professor, para a valorização dos raciocínios desenvolvidos pelos alunos, pode ser vista no exemplo que demos anteriormente relativo à contagem de olhos das pessoas de uma classe. Quando uma criança, observando a solução de Aline, chamou a atenção para o fato de que 26 + 2 é 28 e não 56, a professora pediu a Aline que explicasse por que escreveu 26 + 2 = 56 e, então, ela teve a oportunidade de esclarecer: *Eu não escrevi que 26 mais 2 é 56. Eu escrevi que 26 crianças mais 2 professoras dá 56 olhos.*

Essa intervenção permitiu que a professora percebesse que Aline não cometeu um erro na resolução, mas apenas não conseguiu traduzir corretamente em linguagem matemática aquilo que havia pensado, porque, como é natural, começava a elaborar significados para essa linguagem. A professora pôde então discutir, a partir da resposta dada, como são utilizados os sinais e esclarecer que regras tornam certas formas de escrita matemática legítimas e outras inadequadas. Todos puderam refletir sobre o assunto e aprenderam com essa intervenção.

Para que as intervenções aconteçam realmente, são de grande valia os registros e os comentários feitos pelas crianças aos quais nos referimos anteriormente. Fornecemos a seguir algumas indicações de como podemos usar tais registros para analisar o trabalho das crianças em resolução de problemas e orientar as interferências necessárias.

Ao propor em sala de aula problemas que envolvam respostas ou discussões orais, o professor deve estar atento para todo tipo de comentário que as crianças venham a fazer. Durante atividades desse tipo, é possível observar se as crianças estão envolvidas, se estão encorajadas a expor suas idéias, se o problema foi interessante ou não. Essas observações servem para auxiliar o professor a perceber se o problema foi adequado e se houve envolvimento das crianças com ele.

Também é possível observar as crianças do ponto de vista da sua aprendizagem, qual o grau de dificuldade, quais crianças conseguem ouvir as outras, se compreendem e interpretam o problema, se caminham na busca de uma solução levantando e testando suas hipóteses, se avaliam as soluções dadas e, finalmente, se expressam a sua solução oralmente.

Muitas crianças identificam-se com problemas orais, gostam de falar, questionar, enfim, expor suas dúvidas e conclusões. Algumas falam apenas quando são solicitadas e outras preferem não falar. O professor, como observador, conduz as discussões e as respostas a fim de propiciar a participação da maioria da classe.

Propor discussões orais para crianças em idade de Educação Infantil não é algo tão simples; primeiro, porque requer do próprio professor uma certa habilidade na elaboração das perguntas e, segundo, porque essas crianças provavelmente não estão habituadas a atividades como ouvir o colega, esperar sua vez de falar, ouvir palpites e opinar no trabalho do outro.

Isso pode gerar um certo alvoroço na classe, o qual vai amenizando-se com o tempo a partir de intervenções do professor. Para garantir que os alunos se acostumem com esse tipo de atividade e que todos tenham chances de se expressar oralmente, sugerimos a seguir alguns cuidados ao professor.

Ao organizar a sala

O professor pode inicialmente deixar que as crianças organizem-se sozinhas, seja em roda, grupos ou duplas. Provavelmente, essa organização não será perfeita. O que se verá serão crianças querendo escolher seu lugar na roda, chorando porque não conseguiram sentar ao lado do amigo querido ou em pé porque não entenderam o que foi solicitado.

Nos grupos e nas duplas acontece praticamente o mesmo, com a diferença de que não há a necessidade de se pensar na formação de uma roda, o que para elas, nessa faixa etária, pode ser complicado no começo. No entanto, se o professor não der às crianças a possibilidade de tentarem organizar-se sozinhas, elas jamais conseguirão fazê-lo. Para intervir nos conflitos que surgirem, pode parar o trabalho e conversar com a classe sobre a melhor forma de se organizarem para trabalharem juntos.

Outro ponto importante para as atividades em roda, grupo ou dupla é que o professor não fique perdendo todo o seu tempo pedindo silêncio, mas aproveite esses momentos para observar como as crianças estão participando, se estão preocupadas em falar e discutir.

Muitas crianças gostam de falar na roda, contar o que aprenderam, questionar e ouvir o amigo. Há crianças que preferem trocar idéias em grupo sentem-se mais à vontade por não terem que se expor para toda a classe. Outras conseguem produzir e falar mais quando estão em dupla, o que normalmente acontece com as que são mais tímidas e têm confiança somente em determinado amigo. Pensando nisso, cabe ao professor planejar atividades de modo que, freqüentemente, todas essas dinâmicas de discussão sejam trabalhadas em sala.

Com as crianças que não gostam de se expor

Como dissemos anteriormente, é necessário que o professor esteja sempre privilegiando as discussões em roda, grupo ou dupla. Entretanto, além de privilegiar tais dinâmicas, é preciso que ele fique atento àquelas crianças que não se expõem ou o fazem somente quando solicitadas.

Normalmente, essas crianças são tímidas e ficam envergonhadas ao se exporem diante de um grupo grande de pessoas, ou não têm muita confiança no que fazem, pensam e falam.

Para ajudá-las, o professor deve valorizar o tempo todo suas idéias e fazer comentários sobre elas. Também deve combinar com a classe que naquele momento todos terão que falar, porque ele precisa saber o que cada um pensa ou descobriu sobre determinado assunto. Uma outra sugestão é pedir que as crianças primeiramente discutam em grupos ou duplas e depois o professor escolhe de cada dupla ou grupo uma criança, de preferência a que se expõe pouco, que irá falar para a classe.

O que temos percebido, ao ter esses cuidados, é que com o tempo as crianças vão adquirindo mais confiança no que pensam e falam e, para o professor, vai ficando cada vez mais fácil perceber o que essas crianças inicialmente tímidas sabem.

Com as crianças que querem falar o tempo todo

Normalmente, se deixarmos que a aula aconteça sem fazermos nenhuma intervenção, o que percebemos é que sempre teremos as mesmas crianças discutindo e respondendo sobre diferentes assuntos. Essas crianças gostam de expor suas idéias, não se intimidam com questionamentos e tampouco percebem que não estão ouvindo o outro. No entanto, as crianças mais receosas em se expor, ao ver tanta expressividade, vão perdendo cada vez mais o desejo de falar.

Com o intuito de ajudar as primeiras a ouvirem e as segundas a se sentirem encorajadas a falar, usamos as sugestões mencionadas anteriormente e elaboramos com elas alguns combinados[7] nos quais fica claro que nas conversas em roda ou em grupo:

- todos podem falar;
- devemos falar um de cada vez;
- temos que ouvir o amigo;
- podemos perguntar o que não entendemos ou o que queremos saber.

---

[7] Optamos por este termo porque *combinados* remete à idéia de que algumas regras foram elaboradas em conjunto pelo professor e pelas crianças.

Elaborar combinados com as crianças deve fazer parte da rotina da Educação Infantil, pois para elas é muito mais fácil compreender e cumprir algo que ajudaram a elaborar do que algo imposto pelo professor.

No texto dos combinados, podemos perceber que são contempladas tanto as questões relativas às crianças que estão o tempo todo falando como aquelas que não costumam se expor.

Um outro recurso que ajuda a proporcionar a participação de toda a classe e que também pode ser usado nos momentos em que o professor percebe que as crianças não compreenderam o enunciado ou a pergunta do problema é a dramatização. As crianças ilustram ou modelam um problema específico, entram na história do problema e percebem os dados essenciais, a pergunta, como relacionar e selecionar as diferentes informações contidas na situação a ser resolvida.

Atividades de dramatização também podem servir como diagnóstico da aprendizagem, visto que quando as crianças interpretam um problema e expressam a resposta elas revelam se estão entendendo as idéias envolvidas na situação-problema.

Dois exemplos para essa situação seriam as atividades indicadas a seguir.

Ana estará organizando um encontro com seus amigos em sua casa. Haverá 5 pessoas na casa de Ana. Como ela pode fazer para decidir se há pratos e copos suficientes para seus amigos comerem bolo e tomarem refrigerante?

As crianças devem, então, decidir do que elas necessitam e organizar o cenário do problema. Enquanto pensam e falam sobre suas soluções, o professor pode questionar:

Como vocês decidiram de quantos pratos necessitam? Como vocês sabem que há o suficiente? O que aconteceria se mais duas pessoas chegassem para a festa?

Em uma caverna havia 12 vampiros e 5 morcegos. Era noite de lua cheia, e uma bruxa transformou todos os morcegos em vampiros. Quantos vampiros ficaram?

Após ler o problema para as crianças, o professor diz a elas que precisará de tantos vampiros quanto for a quantidade do problema, e assim para a bruxa e os morcegos.

Após terem entrado em um acordo, o professor pode fazer perguntas como:

O que o problema está dizendo que vai acontecer? O que temos que fazer? Como vamos representar essa história ou esse problema? Como vamos saber quantos vampiros ficaram? Há um outro jeito de sabermos quantos vampiros ficaram? Alguém quer fazer uma pergunta?

Propor atividades como essas não é tão simples, pois no começo todos querem participar ao mesmo tempo ou representar o mesmo personagem. Cabe ao professor nesse momento, organizar a classe de modo que aqueles que não conseguirem participar saibam que em um outro dia participarão, e aqueles que não estão representando o personagem desejado em outros momentos terão a chance de fazê-lo.

Essas interferências propiciam que um maior número de crianças atue nas discussões e que as diferentes idéias levantadas sobre um mesmo assunto possam ser compreendidas pela maioria da turma.

Registrar o caminhar do ensino e da aprendizagem

Durante qualquer atividade, o olhar observador do professor permitirá que ele possa refletir sobre o que foi bom, o que não foi, o que precisa ser repetido, que assunto trouxe maior envolvimento da sala, quais crianças participaram, quais não. Essas observações podem ser registradas pelo professor para garantir a continuidade de seu trabalho e o planejamento de suas interferências.

A seguir, daremos o exemplo de um registro feito por uma professora sobre o jogo de baralho Pescaria proposto para crianças de cinco anos.

A professora primeiramente fez uma roda com toda a classe e convidou três crianças a sentarem e jogarem com ele no meio da roda, enquanto os outros assistiam. Para a realização do jogo usou as cartas do baralho de ás a dez, sendo que todos os ases tinham uma etiqueta com o número 1 encobrindo a letra A. As regras do jogo Pescaria são as seguintes:

1. Cada jogador recebe cinco cartas.
2. As demais cartas são espalhadas na mesa, viradas para baixo, formando o *lago de peixes.*
3. Primeiramente, cada jogador forma os pares com as cartas que tem nas mãos e põe-nas à sua frente, viradas para cima. Um par é formado quando o jogador tem duas cartas de mesmo valor.
4. Os jogadores jogam em sentido horário. Na sua vez, o jogador diz um número de uma carta para tentar formar par. Por exemplo, se Maria acha que João tem um 5 ela pode dizer: *João, você tem um 5?* Se João tiver essa carta ele terá que dar a Maria. Se não diz apenas: *Pesque,* Maria, então, pega uma carta do lago e faz um par se for possível. Caso contrário, ela mantém essa carta que pegou no lago, e o jogador à sua esquerda faz a pergunta a outra pessoa. Cada jogador só continua fazendo perguntas se conseguir formar um par.
5. O jogo continua até que sejam feitos todos os pares.
6. Vence quem fizer o maior número de pares.

Depois de ter jogado uma vez com os três alunos para a classe conhecer o jogo, a professora propôs que as crianças formassem grupos de quatro para jogar Pescaria. Nesse momento ela não jogou, mas ficou circulando pela classe e observando como os grupos estavam jogando.

A seguir, apresentamos o trecho de um relatório com as observações da professora após as crianças já terem jogado umas três vezes.

Pescaria

Grupo de Larissa, Kael, Victor, Lucas M.
Todos entenderam a seqüência do jogo e ainda se preocupam em acabar primeiro com suas cartas. Lucas e Victor tentam olhar as cartas dos colegas. Todos reconhecem os números das cartas.

Grupo de Priscilla, Beatriz B., Gabriela, Isabela
A Isabela no início negou-se a jogar. Depois, um pouco contrariada, decidiu jogar. Ela não conhece os números (aluna nova) e temos que orientá-la quanto ao que fazer. Ela sempre pede o mesmo número, pois é o único que sabe.

As outras estavam atentas a todos os passos, porém todas queriam que suas cartas acabassem primeiro. Todas conhecem os números.

Grupo de Lucas C., Camila D., Daniela, Beatriz, Marina
Todos os jogadores, com exceção da Marina, sabem a seqüência do jogo. A Marina reconhece os números e a quantidade de cartas que cada jogador deve ter quando o carteador distribui as cartas, mas desconhece a seqüência do jogo, esperando que os outros digam o que ela tem que fazer.

O Lucas e a Daniela são os líderes do jogo dizendo sempre: É a sua vez, Marinaa!!

A Beatriz demora na sua vez de jogar, mas conhece todas as regras e a seqüência do jogo. Não gosta que os amigos dêem opinião na sua jogada.

> Percebi que, durante o jogo, muitas crianças estavam preocupadas em fazer par rapidamente com as cartas que tinham. No entanto, ao final, algumas perceberam que em muitos casos fazer par significa ter menos cartas. Acredito que esse detalhe será percebido por outras crianças à medida que elas forem tendo a oportunidade de jogar mais.
>
> Vou montar um grupo para jogar com a Isabela, o Fábio e a Marina a fim de ajudá-los a compreenderem melhor as regras do jogo.
>
> Preciso prever o trabalho com algumas parlendas numéricas para ajudar aqueles que ainda não conseguem contar.

Como podemos perceber, nos registros da professora estão suas observações e as interferências que ele considerou necessárias. Isso tudo também serve para orientar as decisões para futuras atividades com os alunos dessa classe.

Assim, sugerimos que todas as informações que o professor considere importantes, tanto de seus alunos como do desenvolvimento de seu trabalho, sejam registradas a fim de que ele tenha um material para repensar sobre as suas próximas ações e, também, para avaliar os seus alunos, ou seja, tendo o hábito de registrar algumas de suas aulas, o professor auxilia e enriquece a elaboração do planejamento e da avaliação. Na síntese ao final do livro, discutiremos mais especificamente as questões da avaliação e do planejamento.

Como já dissemos, o professor pode propor algum tipo de problema em sala de aula e também sugerir que as crianças registrem graficamente suas respostas. É muito comum que, a partir dos cinco anos, elas optem por fazer o registro de suas respostas ou descobertas em forma de desenho.

Por isso, depois de a criança já ter compreendido e interpretado o problema e buscado a solução através da leitura do professor, de uma dramatização ou das discussões orais em grupo ou coletivas, é interessante dar-lhe a oportunidade de expressar a sua solução através de um desenho.

No entanto, isso não significa que a partir de agora todas as soluções deverão ser apresentadas através do registro pictórico. Pelo contrário, ele será apenas mais uma maneira de a criança representar a sua compreensão e solução do problema.

Exigir da criança que todos os problemas sejam respondidos com um desenho é negar todas as possibilidades de avanço obtidas através da oralidade, mencionadas anteriormente. Por outro lado, se a todo momento tiver que fazer um registro pictórico, a criança acaba cansando-se.

Ao propor aos alunos que desenhem a sua solução para um problema, o professor não faz nenhuma imposição sobre como deverá ser esse desenho, pois eles começam a achar que só aquele é o modelo certo e ficam sempre esperando a sua sugestão, o que pode gerar, progressivamente, uma postura de nunca tentarem por si mesmos, sempre esperando que alguém apresente a solução.

Também não é aconselhável fazer elogios exagerados para as produções de um mesmo aluno, pois os outros passarão a querer fazer como aquele que é sempre elogiado. Agindo dessa forma, cria-se na criança uma falta de confiança e interesse no seu desenho e, conseqüentemente, na sua resolução.

Na verdade, o desenho deve ser usado entre as crianças como troca de descobertas e soluções, e não para fazê-las perder o desejo por algo que nessa faixa etária é tão prazeroso: desenhar.

Observemos os registros a seguir. Através deles, crianças de cinco e seis anos representaram a solução para o seguinte problema:

O que é pior que uma girafa com dor de garganta?

No desenho em que aparece a baratinha, Camila teve a preocupação de colocar as setas indicando o caminho percorrido para representar a solução do seu problema. Nesse caso, a explicação oral – *Uma baratinha sendo esmagada, virou meleca e subiu para o céu* – vem apenas confirmar a hipótese da professora sobre a resolução e dar explicações dos detalhes presentes no desenho.

Já na outra resolução, Carolina primeiramente desenha a girafa, que é o personagem do enunciado do problema, para depois colocar a sua resposta. Diferentemente do primeiro caso, nesse registro a professora precisou da explicação oral da criança para entender que pior que uma girafa com dor de garganta é *Um elefante que cortou a tromba*. Depois de termos essa resposta, podemos perceber que o desenho de um animal azul é o de um elefante sem tromba; além disso, ela destaca o pescoço da girafa com riscos vermelhos para representar a dor de garganta, que é a questão inicial do problema.

Esses desenhos só foram possíveis porque a professora permitiu que cada criança se expressasse de maneira própria e de acordo com o que havia compreendido a partir da situação proposta.

Fazer roda, propor discussões em grupo ou expor os trabalhos das crianças, sugerindo que contem o que desenharam ou que os amigos falem sobre suas percepções do registro, são recursos que agradam muito aos alunos, pois são momentos em que podem entrar em contato com o desenho do outro e falar para todos sobre a sua resolução.

O primeiro objetivo de se fazer a roda ou expor o trabalho das crianças é auxiliá-las a perceber que o desenho para resolver problemas está diretamente relacionado às duas funções que mencionamos anteriormente, quais sejam, interpretar o problema e representar a sua solução.

Nesse sentido, o que esperamos com essa intervenção é que os alunos percebam que o desenho que fazem deve estar necessariamente ligado ao texto do problema, porque nas primeiras propostas desse tipo de resolução algumas crianças fazem desenhos livres, sem se preocupar com o problema. Em segundo lugar, pretendemos que as crianças aprimorem as suas representações da resolução através das trocas que acontecem na roda.

Ao realizar esse tipo de trabalho, cria-se junto à classe a figura do interlocutor, isto é, cada criança percebe que sua solução em forma de desenho tem um leitor que não é, em primeira instância, o professor e que a principal função desse registro é comunicar um pensamento a outras pessoas. Tal percepção estimula a evolução da representação, uma vez que cada criança procura aprimorar sua expressão pictórica, visando a expor suas idéias de maneira cada vez mais objetiva.

Dessa forma, cada aluno pode exercer um juízo a respeito de seu próprio trabalho, manifestando índices de uma intenção inicial, de um projeto, de um pensamento em exercício que pode corresponder ou não ao resultado, mas que propicia o confronto entre as imagens interna e externa da situação representada.

Muitas vezes, ao fazermos painéis com as soluções das crianças, percebemos que a combinação da oralidade com os desenhos permite que elas avancem seguindo os dois objetivos que expusemos até aqui. Podemos constatar tal fato, analisando dois problemas de uma mesma criança de cinco anos.

O primeiro problema era: *Os bombeiros foram chamados para apagar um incêndio e, quando chegaram ao local, perceberam que o caminhão estava sem água. O que fazer?*

E Natália resolveu assim:

Ela fez um desenho adequado ao enunciado do problema; porém, quando solicitada pela professora para explicar a sua solução, não quis comentar muito, dizendo apenas: *Eu fiz um bombeiro*. Quando questionada sobre qual era a pergunta do problema, ela não respondeu.

O segundo problema era: *Numa caverna havia 12 vampiros e 5 morcegos. Era noite de lua cheia, e uma bruxa transformou todos os morcegos em vampiros. Quantos vampiros ficaram?*

E Natália resolveu assim:

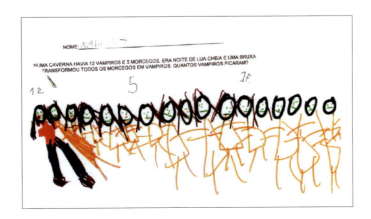

Dessa vez, ela demonstrou que já conseguia interpretar o problema, procurando nele os seus dados e a pergunta. Participou da dramatização para melhor compreensão do problema e, nos momentos em que era questionada, consultava o número de crianças que estava representando cada personagem. Ao explicar seu desenho, mostrou que ali ela estava representando o enunciado do problema e a solução, que podem ser notados nos números 12, 5 e 17 escritos acima do desenho.

A partir da observação e das discussões feitas com a Natália, o professor pôde perceber o quanto ela avançou nos seus registros e na compreensão do que significa resolver um problema. No entanto, a percepção desse avanço só ocorreu devido à oportunidade que ela teve para falar e expor suas resoluções oral e graficamente e às intervenções do professor.

Um outro aspecto que queremos ressaltar é que não é aconselhável fazer anotações nos registros das crianças, porque isso é o mesmo que lhes, dizer que o seu desenho não representa nada das suas percepções e que é preciso, para que ele seja compreendido, ter algum tipo de anotação. Inibe-se, assim, o desenho como forma de expressão. Por isso, aconselhamos os professores que desejarem fazer alguma anotação que a façam atrás do desenho ou em uma folha separada. Se o professor tiver alguma dúvida quanto à solução dada pela criança, ou se perceber que ela registrou só a resposta, é interessante que ele pergunte diretamente *como você pensou?*

Após as crianças terem tido a oportunidade de lidar muitas vezes com diferentes tipos de problemas, buscando e expressando soluções através da oralidade e do desenho, o professor pode propor o texto escrito como maneira de registrar a solução.

O recurso da escrita como solução para os problemas começa a surgir a partir dos cinco anos. Assim como o pictórico, o registro escrito é mais um recurso de representação da interpretação e da resolução de um problema. Como dissemos quando discutimos o registro das soluções, é comum encontrarmos textos acompanhados de desenhos e desenhos acompanhados de explicação oral; por isso, algumas vezes em uma mesma atividade, podem aparecer os três tipos de recursos para a interpretação e a solução do problema.

Ao resolver o problema: *Você acabou de ganhar um cachorrinho, só que, ao chegar em casa com o cachorrinho, sua mãe disse:*
– Nada de cachorro nesta casa. Já tenho muito o que fazer.
E agora o que você vai fazer?
Podemos notar que Cássia e Carol utilizaram essas duas formas de registro:

Eu saía da minha casa e ia para outra casa.

Eu colocava o cachorro embaixo da cama.

Para esses dois problemas, a professora propôs inicialmente uma discussão oral na qual cada criança expôs o que havia pensado como solução. No momento de registrá-la, tanto Carol como Cássia utilizaram o desenho e o texto para explicar a resolução do problema.

O texto não nasce perfeito, ele tem uma evolução que depende da interferência do professor ao propor diferentes tipos de textos: coletivo, em grupo, em dupla e individual.

O texto coletivo pode ser utilizado inicialmente como um recurso para proporcionar a participação da maioria da classe, ajudá-la a recuperar a seqüência da atividade, direcionar perguntas que sejam essenciais para aquele problema e orientar os alunos sobre o que é elaborar um texto.

No início, as crianças não conseguem organizar-se, ditam palavras soltas, mas há algo de positivo em tudo isso: todas, na sua grande maioria, querem falar, o que significa que, ao final, o texto será rico em informações sobre a resolução do problema.

Para organizar esse trabalho, podemos usar os combinados que mencionamos e também fazer uma lista de todas as palavras que as crianças forem ditando. Depois, a partir dessa lista, pode ser elaborado um texto, analisando-se juntamente com as crianças qual palavra é mais adequada, o que está repetido, faltando, até que se considere que o texto esteja pronto. Esse momento é muito rico para o professor que desejar tratar de questões relacionadas à alfabetização, pois já que as crianças participam da elaboração da lista e do texto, elas podem ir dizendo, com ajuda e questionamento do professor, como se escrevem algumas palavras, confrontando o tempo todo as suas hipóteses de escrita com as dos seus amigos e com a escrita do professor que, ao final da discussão da classe sobre como se escreve determinada palavra, escreve na lousa da forma correta.

Um outro recurso de interferência a ser utilizado após as crianças já terem tido contato com o texto coletivo é o texto em grupo. Através dele algumas crianças poderão expor suas idéias com mais facilidade e todos poderão aprender a produzir um texto sem ajuda direta do professor, uma vez que ele terá o cuidado de colocar em cada grupo uma criança com hipótese de escrita mais avançada.

É muito importante que, nesse momento, o professor não sendo o escriba, aproveite para circular pela classe e observar as discussões de cada grupo, quem está participando, qual o assunto que está sendo discutido e se as crianças entenderam o que foi proposto. Se considerar necessário, ao final o professor pode propor que cada grupo apresente para toda a classe o que escreveu através de exposição oral ou roda.

Como exemplo, podemos mostrar uma situação na qual o desafio era descobrir o maior número possível de semelhanças e diferenças entre três retângulos de cores e tamanhos diferentes. Vejamos como alguns grupos registraram suas soluções:

4 pontas
4 lados
é amarelo
tem dois lados maiores
e dois menores
uma pequena
uma maior
uma média
todas são retangulares
uma forma é maior
do que as outras

ela é pequena
ela é a forma de retângulo
ela é fina
este retângulo é mais grosso
o retângulo tem 4 pontas
ele tem 4 lados
o lado de cima é maior
que a parte do lado
ela é magra
fim

Os alunos leram assim:
Maior
Pequeno
Liso
Fino
Grosso
Gordo
Médio
4 pontas

O texto em dupla pode ser proposto assim que se comece a trabalhar com os textos em grupo. Ele contém as mesmas intenções que o recurso anterior, porém auxilia mais na escrita, pois conta com um maior número de crianças escrevendo, do mesmo modo que o texto em grupo pode ser socializado para toda a classe.

O texto individual é um recurso menos utilizado nessa faixa etária, pois demanda tempo e exige bastante da criança. Por outro lado, permite-lhe começar sozinha a organização de seus textos e dá ao professor informações específicas sobre cada aluno mostrando aspectos de sua aprendizagem e da compreensão do problema que talvez passassem desapercebidos se a resolução fosse sempre coletiva.

Seja qual for o recurso de escrita escolhido pelo professor, é bom lembrar que, à medida que as crianças ganham autonomia, é possível que em uma mesma atividade organizem-se em duplas, pequenos grupos ou individualmente, de acordo com as orientações do professor, respeitando-se a forma como elas se sentem melhor ou podem auxiliar umas às outras.

Tanto nos textos em grupos quanto nos individuais, as observações do professor sobre como seus alunos resolvem os problemas propostos devem servir como instrumento de intervenção imediata junto ao grupo ou a um aluno, para permitir que eles ampliem sua compreensão dos problemas e aumentem sua capacidade de resolver as situações propostas.

Trabalhar a produção de textos em matemática demanda tempo e paciência; primeiro, porque é um dos últimos recursos utilizados nessa faixa etária e, segundo, porque muitas crianças ainda estão em fase de testar suas hipóteses de escrita.

Nesse sentido, não é adequado ficar corrigindo os textos das crianças a todo momento, exibindo modelos corretos ou exigindo que as mesmas crianças sempre escrevam. O melhor é alternar as propostas, permitindo que ora o professor, ora as crianças escolham quem irá escrever.

No entanto, em alguns momentos, o professor pode usar o texto produzido por um grupo discutir questões específicas de alfabetização. Por exemplo, o texto em grupo escrito por Maurício, Camila, Ana Carolina e Rafael foi reescrito pela professora para que, posteriormente, ela pudesse reescrever junto com a classe a lista de semelhanças e diferenças na lousa, seguindo as mesmas sugestões de intervenção[8] apresentadas no texto coletivo.

Um texto pode ser ainda utilizado pelo professor como um recurso para obter pistas sobre o que as crianças sabem ou querem saber, o que aprenderam e acharam difícil.

O texto a seguir foi elaborado por crianças de seis anos, no final do segundo semestre, após terem resolvido diferentes tipos de problemas ao longo do ano e produzido um livro que continha os problemas resolvidos durante o ano.

O que Aprendemos com o Livro de Problemas?

- Aprendemos a ler e a entender o que o problema pede para fazer, escrevendo os números.
- Muitas vezes, precisamos contar nos dedos para saber qual era a resposta. No entanto, hoje conseguimos pensar só com a cabeça para descobrir o resultado.
- Já somos capazes de fazer contas de mais (+), no qual temos que juntar as coisas e também as de menos (-) que vai tirando para dimimuir os números.
- No problema das bonecas e das adivinhações, observamos as dicas, olhando a imagem, e achamos a resposta.
- Tivemos que saber combinar as três cores para montar as diferentes torres.
- Pensamos muito para conseguir colocar 3, 4 ou 5 palitos nos envelopes, pois não podíamos pôr nem mais e nem menos.
- O registro foi a parte mais fácil de fazer no livro e a mais difícil foi descobrir como fazer as contas.

Jardim III A

---

[8] Sobre isso, consulte o livro de Ana Teberosky *et al. Além da alfabetização: a aprendizagem fonológica, ortográfica, textual e matemática.* São Paulo: Ática, 1996.

Vejamos esta outra produção:

> **Dicas para Resolver Problemas:**
> - Ler o que o problema está pedindo para saber o que é para ser feito.
> - Temos que pensar muito para não errar.
> - Você pode desenhar para ficar mais fácil encontrar a resposta.
> - Quando tivermos diante de um problema que pode acontecer de verdade não devemos chorar, mas procurar resolver ou pedir ajuda de outra pessoa.
> - Em um problema que tenha a pergunta com "quantos" você deve contar para obter a resposta.
>
> *Jardim III A*

Nessa atividade, a professora primeiramente sugeriu que as crianças discutissem em grupo quais dicas elas poderiam dar para alguém que fosse resolver um problema. Depois da discussão, todos os grupos socializaram suas dicas para a produção do texto coletivo.

Assim, para uma mesma atividade, a professora pôde usar dois recursos diferentes de organização da sala, primeiro em grupos e, depois, coletivo. Por meio desses dois textos foi possível fazer uma avaliação do trabalho desenvolvido com as crianças durante o ano, obtendo-se indícios do que foi bom e do que precisaria ser revisto.

Quando os sinais aritméticos começam a aparecer, o professor pode seguir os mesmos procedimentos sugeridos para o desenho, ou seja, os sinais passam a ser socializados na classe através da roda ou do painel de solução, não sendo valorizados como o melhor ou o único, mas como um outro tipo de registro.

Observemos as interferências da professora a partir do seguinte problema:

Em uma gaiola havia cinco passarinhos. Cada passarinho comeu duas minhocas. Quantas minhocas foram comidas pelos passarinhos?

Após a resolução, a professora organizou o seguinte painel com as soluções dos alunos:

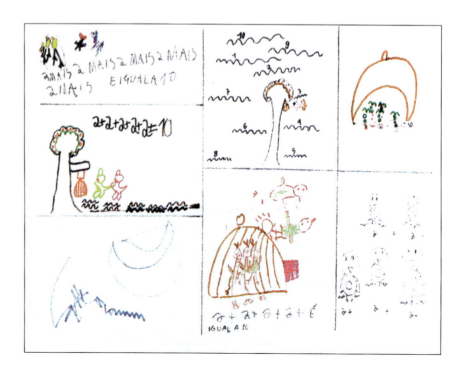

Olhando para esse painel, podemos perceber que há diferentes soluções: texto com números, números com o algoritmo e a resposta, números com o algoritmo sem a resposta, todas as minhocas desenhadas para serem contadas e apenas o desenho do ninho. Algumas resoluções são semelhantes, como as que utilizam o algoritmo, mas outras são diferentes, como a que desenhou as minhocas e a que desenhou o ninho.

Essas diferenças e semelhanças devem ser encaradas pelo professor com naturalidade e utilizadas para ajudar as crianças a compreenderem o registro do outro e a avançarem nos seus próprios registros. Nesse caso, a criança que desenhou apenas o ninho, que nada tinha a ver com a resposta, foi a mais beneficiada quando teve a oportunidade de observar e analisar os desenhos dos colegas.

Dessa forma, acreditamos ter mostrado que a oralidade, o desenho, o texto e os registros do professor devem servir como um meio para que ele perceba o raciocínio das crianças e busque estratégias de interferência para auxiliar cada uma delas a avançar em seus próprios conhecimentos.

Propostas de Resolução de Problemas

A seguir exemplificamos diferentes modos de propor problemas na Educação Infantil. Essa coleção de tipos de problemas não pretende ser completa, mas certamente pode servir para orientar e apoiar o trabalho com resolução de problemas junto aos alunos.

Adivinhas

O que é, o que é?
Amarelo e preto e faz zzb, zzb, zzb...

Charadas, o que é o que é e outras *adivinhas* são um recurso interessante no trabalho de resolução de problemas para crianças não-leitoras. Isso ocorre porque são tipos de textos muito próximos das crianças, uma vez que os pais costumam brincar bastante com elas, e os professores utilizam-nos no trabalho com a língua materna. A partir dos quatro anos, esses problemas podem ser um dos primeiros recursos utilizados pelo professor no trabalho com resolução de problemas.

Além disso, as *adivinhas* não são numéricas, o que permite que todas as crianças participem da resolução, mesmo aquelas que não conseguem resolver problemas numéricos. Propor esses problemas em sala de aula é um recurso que conta com a participação de grande maioria dos alunos, pois as crianças gostam de expor suas diferentes respostas e não se sentem inibidas por isso, já que inicialmente são encarados como brincadeiras.

Consideramos que as *adivinhas* são um tipo de problema porque, para sua resolução, são necessárias as mesmas habilidades envolvidas na resolução de problemas: analisar, buscar compreender, tentar encontrar uma solução e verificar se a resposta é coerente com o que foi perguntado.

Quando ouvem essas charadas pela primeira vez ou nas primeiras vezes, as crianças não se preocupam muito em dar uma resposta coerente com a pergunta, mas, com o tempo, após já terem ouvido e discutido muitas *adivinhas,* elas costumam pedir que o professor leia mais de uma vez o texto para que, no momento da resposta, possam ser o mais coerentes possível

Temos percebido também que, com o tempo, as crianças passam a criar as suas próprias charadas e a pesquisar outras em casa.

Outras sugestões de *adivinhas* são do tipo:

- Por que é, por que é, que as bruxas cavalgam as vassouras?
- Quando é que os elefantes têm 16 patas?
- Como é que se faz para o cachorro não ficar latindo no banco de trás do carro?

Simulando a realidade

Sílvia estava sozinha na classe e queria pegar um livro que fica num armário alto. O que ela pode fazer?

Eu chamava a professora.　　　　　　　　Pegava uma escada e subia

Problemas desse tipo são de grande importância para quem se inicia na arte de resolver problemas, porque envolvem mais de uma solução possível, não apresentam dados numéricos e são ricos em possibilidades para os alunos levantarem hipóteses, confrontarem suas conjecturas com as de seus amigos, checarem se uma solução é adequada ou não, o que exige uma certa dose de iniciativa e de autonomia por parte do resolvedor.

Trabalhar com esses problemas ajuda a criança a não desenvolver a crença de que todo problema tem uma resposta única. Além disso, desenvolve a capacidade de análise crítica do texto, o levantamento de hipóteses, a leitura e a interpretação de diferentes tipos de textos.

Como esses problemas podem ser propostos a partir de situações do dia-a-dia muito próximas à criança, o envolvimento e a motivação dos alunos para resolvê-los é grande.

Vejamos outros exemplos:

O que eu devo fazer se me perder na praia?

Vou procurar o salva-vidas.

Em situações como essa, as crianças costumam apresentar diversas soluções, algumas adequadas, como *Vou procurar o salva-vidas. Peço ajuda para uma pessoa grande.* Contudo, aparecem também soluções como *Vou para a água com o meu amigo. Ligo para a minha mãe. Vou embora para casa.*

Diante de tais respostas, o professor pode ir elaborando outras perguntas do tipo:

– *Você acha que está certo ir para a água sozinho?*
– *Você sabe como encontrar um telefone na praia?*
– *O que pode acontecer se você for para casa sozinho?*
– *Quem pensou em outra solução?*

É através da proposição de questões como essas que o professor estimula a reflexão e auxilia criança a desenvolver todas as habilidades mencionadas anteriormente.

Problemas a partir de uma figura

Para crianças não-leitoras, uma das maneiras mais simples de apresentação e formulação de problemas, numéricos ou não, a partir de uma representação textual são as gravuras. As questões são formuladas de modo que os alunos precisam ler as informações contidas na figura e selecionar aquelas necessárias para responder às problematizações.

Um exemplo é o trabalho que se pode fazer a partir da gravura *O aniversário de Ana*. Os alunos, em pequenos grupos, terão que procurar questões que possam responder ao observar a figura. Primeiro, as questões são produzidas oralmente; depois, são escritas com a ajuda do professor.

Em um primeiro momento, os alunos não diferenciam necessariamente perguntas e afirmações. Apesar disso, o professor não intervém de imediato a não ser para ajudar os alunos a escreverem as suas *perguntas*.

Há questões que podem ser respondidas diretamente por simples leitura da imagem (Há um bolo?) ou que solicitam diretamente uma enumeração (Quantas velas há? Quantas cadeiras há?).

As questões apresentadas espontaneamente pelos alunos raramente ultrapassam esse nível. Questões que necessitam de um tratamento mais aprofundado, de natureza dedutiva, serão propostas pelo próprio professor à apreciação da classe, o qual pede aos alunos para responderem, por exemplo: *Qual é a idade de Ana? Quantas crianças estão convidadas para o aniversário da Ana? Quantas cadeiras faltam?*

O professor não deve centrar o trabalho na correção das respostas, mas incentivar os alunos a explicitarem o que observaram e que raciocínios utilizaram para chegar às suas respostas.

A discussão das questões é importante, pois permite, entre outras coisas, mostrar que elas são de natureza diferente, porque exigem diferentes maneiras de pensar: simples leitura da gravura ou texto ou atividade mais dedutiva.

Do mesmo modo, é preciso que percebam que certas questões não têm resposta se nos limitarmos às informações dadas pela imagem. O professor poderá realçar as questões que, embora relacionadas ao acontecimento apresentado pela imagem, não podem ser respondidas a partir da figura, tais como: *É um bolo de chocolate? O que é que a Ana vai receber como presente?*

Apesar de ser um recurso rico e simples para a proposição de problemas, é preciso alguns cuidados na seleção das imagens a serem usadas. Naturalmente, o primeiro deles é selecionar figuras que não contenham cenas que retratem situações constrangedoras, violentas ou preconceituosas. O segundo é que a cena descreva algo motivador, seja por ser próximo à vivência das crianças, seja uma situação divertida ou relacionada a algum interesse específico da classe.

No entanto, é preciso ainda um cuidado sob o ponto de vista do desenvolvimento de habilidades de pensamento dessas crianças. É muito comum o uso de imagens como estas:

A essa seqüência de imagens subjaz a idéia de uma operação matemática, neste caso a subtração, o que acaba induzindo as perguntas a serem feitas e orienta a resolução para um registro matemático da forma $5 - 2 = 3$, deixando pouco espaço para o desenvolvimento do espírito crítico e enfatizando a resolução correta única. Nada impede que algumas vezes essas imagens sejam usadas, mas isso não pode ser freqüente.

A riqueza de perguntas formuladas pelas crianças, a variedade de soluções e a possibilidade de verificar como as crianças pensam ficam limitadas se nos restringirmos a esse tipo de gravura. Tal evidência pode ser vista mais adiante, quando exemplificaremos os problemas formulados pelas crianças a partir de uma gravura semelhante, mas que não induz o pensamento do aluno.

Situações propostas a partir do cotidiano

As situações do dia-a-dia apresentam muitas oportunidades para a elaboração e formulação de problemas. Assim, conteúdos da vida das crianças ou as situações com as quais elas se deparam freqüentemente podem servir como contexto para construir, inventar e resolver situações-problema.

Votações, arrumação da classe, controle de empréstimo de livros, distribuição de material, limitar pessoas por grupos, planejar um trabalho ou festa, bem como questões envolvendo as pessoas que estão na classe são boas fontes de problemas.

Essa forma de propor problemas torna-se bastante natural em várias situações diárias em todos os níveis de idade na Educação Infantil e exigem pouca preparação prévia, mas requerem que o professor esteja atento a seus objetivos e ao envolvimento da classe com o que ele está propondo.

Ao distribuir fichas para algum jogo, podemos perguntar a um aluno ou ao grupo:

- *Há fichas suficientes para que você possa dar duas fichas a cada colega? E se você quisesse dar quatro para cada um?*
- *De que forma você poderia dividir as fichas com seus colegas para que ninguém ficasse sem fichas?*
- *De que forma você poderia dividir as fichas com seus colegas para que todos tivessem a mesma quantidade de fichas?*

Um exemplo interessante desse tipo de problema aconteceu em uma turma de alunos de seis anos quando conversavam sobre a família de cada um deles. A proposta do professor era discutir a família, sua importância e constituição, porém, os alunos, ao descreverem suas famílias, ficaram intrigados em saber quem tinha irmãos e quantos eram. Surgiu, então, uma ótima oportunidade para que os alunos realizassem várias contagens, mas o professor, refletindo sobre seu planejamento, percebeu que tinha em mãos um tema motivador para elaborar com eles um gráfico de barras e a proposição de vários problemas numéricos. Assim, ele pediu que cada aluno desenhasse sua família em um pedaço de papel adequado para que montassem um gráfico sobre o número de pessoas da família dos alunos da classe.

Feitos os desenhos, o professor marcou, em uma folha grande de papel, os números 3, 4, 5 e 6 abaixo de uma linha horizontal a partir da qual seriam montadas as colunas com os desenhos feitos pelos alunos. Os alunos cuja família possuía 3 pessoas colaram seus cartões, um em cima do outro, acima do número 3, e fizeram o mesmo os que tinham famílias com 4 ou 5 pessoas.

A partir dessa coleção de dados organizados no gráfico surgiram os problemas:

– *Quantos alunos da classe têm família com 5 pessoas?*
– *Qual é o tamanho de família mais comum nesta classe?*
– *Quantos alunos da classe são filhos únicos? E quantos não são?*
– *Por que ninguém colou seu desenho acima do número 6?*
– *Por que começamos nosso gráfico pelo número 3?*
– *Por que não aparecem os números 2 ou o 7?*

Algumas dessas perguntas puderam ser respondidas diretamente a partir do gráfico ou haviam sido discutidas nas conversas iniciais da classe; as outras, por serem mais complexas e exigerem maior reflexão e domínio de leitura do gráfico, precisaram ser tratadas com mais cuidado.

Um outro exemplo surgiu em uma turma que possuía 21 alunos de seis anos, quando precisaram organizar-se em três grupos para realizar uma brincadeira no pátio. Como inicialmente o professor nada disse sobre os tamanhos dos grupos, eles se organizaram de qualquer forma, agrupando-se principalmente entre os amigos mais chegados. Depois disso, o professor pediu-lhes que observassem se seria justo disputar o jogo sendo um grupo maior que o outro. Nesse momento, havia um grande problema para resolver.

Foi interessante observar que em nenhum momento os alunos recorreram à contagem para fazer a divisão. Nas primeiras tentativas, todos se moviam pela classe e percebiam rapidamente que os grupos estavam desiguais. Depois de várias tentativas, decidiram demarcar fisicamente três espaços no pátio e colocar uma criança em cada um deles de cada vez, combinando que o aluno que fosse colocado em um dos espaços não poderia mais sair dele. No final, eles contaram o número de alunos em cada *cercado* para se certificar da divisão justa. Foi possível observar também que recorreram a essa mesma estratégia em outras ocasiões para realizar outros agrupamentos em partes iguais envolvendo objetos e alunos.

É importante observar que as situações do cotidiano, em geral, envolvem aquilo que o aluno já sabe e apresentam um certo grau de imprevisibilidade, dependendo do que acontece na sala. No entanto, essas simulações da realidade são as que mais se aproximam do que é conhecido do aluno, que, por isso, as enfrenta com naturalidade.

Problemas a partir de jogos

Muitos educadores e pesquisadores têm-se dedicado a estudar e a analisar os jogos na Educação Infantil, o que demonstra a inegável importância desse recurso para o desenvolvimento da criança. Não nos deteremos em analisar a importância do jogo nem sua utilização na sala de aula, mas, para o leitor interessado, sugerimos algumas referências bibliográficas que permitem aprofundar o estudo nesse sentido.[9]

Durante o jogo, a aprendizagem da criança pode ocorrer pela interação com o material, as regras e o conflito com as opiniões dos outros jogadores. Na verdade, em todo jogo no qual há conflito de objetivos, isto é, o movimento feito por um dos participantes interfere na decisão do oponente, cada jogada cria um novo problema a ser resolvido, pois altera ou confirma a estratégia que cada um dos oponentes estava usando. Isso pode ser percebido, por exemplo, no Jogo da Velha.

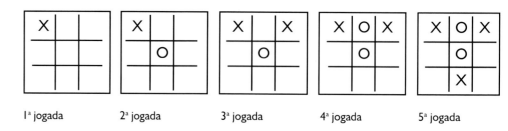

1ª jogada   2ª jogada   3ª jogada   4ª jogada   5ª jogada

Como podemos observar, a partir da terceira jogada, o movimento do jogador com a marca O fica dependendo da decisão do jogador com X, que, por sua vez, precisa repensar o que fazer em função do movimento de seu oponente.

Apesar do jogo em si mesmo se constituir em uma série de problemas para aqueles que jogam, nem sempre a criança percebe as estratégias, os conceitos e os procedimentos matemáticos que são os objetivos de um jogo. Nesse sentido, a perspectiva metodológica da resolução de problemas pode contribuir para explicitar as relações importantes que estão envolvidas no jogo e permitir a ação mais reflexiva das crianças à medida que voltam a jogar outras vezes.

Ilustraremos isso com o exemplo de um jogo proposto para crianças de seis anos, o qual tem como objetivo a realização de adições com números até 6.

O jogo chama-se Sete Cobras e é organizado para grupos de 2 a 4 crianças, cada uma delas com uma folha contendo os números 2, 3, 4, 5, 6, 8, 9, 10, 11 e 12 e dois dados comuns. Na sua vez, a criança lança os dois dados, junta os pontos obtidos e risca o total em sua folha; porém, se o total for 7 ela deve desenhar uma cobra em sua folha. Se, em uma jogada o aluno obtiver um total que já foi riscado antes, ele passa a vez. Ganha o jogo aquele que conseguir riscar todos os números e sai do jogo quem tiver 7 cobras antes de riscar todos os números. Outra possibilidade de vencer o jogo é ser o último a abandoná-lo, porque todos os demais fizeram as sete cobras.

---

[9] Kamii, C. e DeVries. *Jogos em Grupo na Educação Infantil*. São Paulo: Trajetória Cultural, 1991.
Kishimoto, Tizuko M. *O jogo e a Educação Infantil*. São Paulo: Pioneira, 1994.
Moura, M. O. *O jogo e a construção do conhecimento matemático*. In: Série Idéias, São Paulo, FDE, vol. 10, p. 45-53, 1991.

Este é um jogo bastante motivador e permite diversas problematizações depois de ser jogado várias vezes para que os alunos familiarizem-se com as regras e os resultados obtidos.

Algumas questões que podem evidenciar fatos básicos da adição são:

- *Que números devem sair nos dados para que o jogador possa marcar o 5?*
- *Se só falta marcar o 10, que números devem sair nos dados para que o jogador possa ganhar?*
- *Que números devem sair nos dados para o jogador desenhar uma cobra?*
- *Por que os números que aparecem no jogo começam no 2 e vão até o 12?*
- *Uma criança marcou o 9 e tirou o 6 em um dado. Que número saiu no outro dado?*

Outras perguntas podem encaminhar a reflexão das crianças sobre possibilidades e chances:

- *Quais são todos os números que podem sair nos dados que resultam 6 e quais são aqueles que resultam 2?*

> *1 e 5, 2 e 4, 3 e 3 dá 6*
> *só 1 e 1 dá 2*
>
> – *Observando as respostas anteriores, se para uma criança só falta marcar o 2 e para a outra só falta o 6, qual delas tem mais chance de ganhar o jogo?*

Outra possibilidade de problematizar um jogo é interromper o grupo ou um determinado aluno e questionar sobre algum conceito ou procedimento envolvido, criando, assim, uma situação-problema que será resolvida oralmente e que permitirá ao professor observar a compreensão do aluno e suas dúvidas.

Problemas a partir de materiais didáticos

Usar materiais didáticos como blocos, palitos ou Tangram é uma prática que faz parte da rotina de muitas escolas de Educação Infantil.

Embora saibamos que manipular materiais didáticos não significa necessariamente que os alunos compreendam significados e noções matemáticas, utilizar esses recursos em atividades que envolvem resolução de problemas é um modo de fornecer aos alunos uma possibilidade para, através de uma ação reflexiva, compreenderem as noções e os procedimentos matemáticos envolvidos em um problema e sua solução.

Na resolução de problemas com crianças não-leitoras, o uso de materiais didáticos auxilia em processos de simulação de soluções e testagem de hipóteses, permitindo que os alunos tentem, errem, imaginem e revejam suas ações.

Tais possibilidades proporcionam um sentimento de segurança em muitos alunos que não conseguem dominar os recursos de representação escrita na resolução de problemas. Portanto, na resolução de problemas, os materiais auxiliam as crianças a obterem modelos para entender o significado das operações ou das transformações que decorrem da pergunta proposta.

O uso do material didático também propicia que os alunos utilizem diferentes linguagens para expressar a resolução de problemas: escrita, pictórica, simbólica. Discutir essas representações e suas relações permite que as crianças compreendam o significado das ações e alcancem um nível de representação mais elaborado.

Há duas formas mais comuns de usar o material didático na resolução de problemas: propor problemas para serem resolvidos com o material e propor problemas a partir do material.

Problemas para serem resolvidos com material manipulável

Nessa modalidade, o problema independe do material em si, que é utilizado apenas para representar um problema e encontrar a sua solução.

Quando propõe esse tipo de atividade, o professor está fazendo uma intervenção similar à dramatização que mencionamos anteriormente, mas, nesse caso, os envolvidos na simulação não são os alunos, mas os objetos que eles manipulam.

A crianças de seis anos foi proposto o problema *Roberto tem 9 lápis para distribuir em três estojos. Quantos lápis vão ficar em cada estojo?*

Após ler o problema com a classe, o professor sugeriu que escolhessem palitos, botões ou tampinhas para mostrar como resolver a situação. Quando terminassem, deveriam fazer um desenho da arrumação do material para mostrar sua conclusão:

Nem sempre os alunos precisam fazer desenhos ao manipularem o material. As representações nessa proposta de resolução seguem as indicações que demos anteriormente e podem ser feitas oralmente, por escrito, por desenho ou, se as crianças já a utilizam, pela linguagem matemática.

Problemas a partir de um material

Nesse caso, a resolução do problema está diretamente relacionada ao material, uma vez que o problema só pode ser resolvido com a manipulação direta do material envolvido na sua proposição e a resolução encontrada, muitas vezes, expressa-se no material que, em algumas ocasiões, chega a ser insubstituível.

Esse tipo de uso do material na resolução de problemas aparece, por exemplo, quando usamos com os alunos o quebra-cabeças conhecido como Tangram[10] e pedimos que formem quadrados ou qualquer outra figura geométrica, usando duas, três ou quatro peças do quebra-cabeças:

---

[10] Sobre o uso de Tangram na Educação Infantil, veja também o livro *Figuras e formas* desta coleção.

Cubos coloridos também podem permitir boas situações-problema para se propor aos alunos. Podemos dar cubos azuis, vermelhos e amarelos para os alunos e propor o seguinte problema: *Empilhando sempre três cubos, encontrar o máximo possível de torres diferentes entre si.*

Esse é um problema cuja importância está na possibilidade de os alunos encontrarem mais do que uma resposta, organizarem contagens e registros para encontrar as soluções e analisarem cada torre para perceber se não é repetição de alguma outra conseguida anteriormente. Mais que isso, é um problema que permite a resolução e a análise coletiva das respostas encontradas. Vejamos abaixo um cartaz das soluções feito em uma classe de crianças com seis anos:

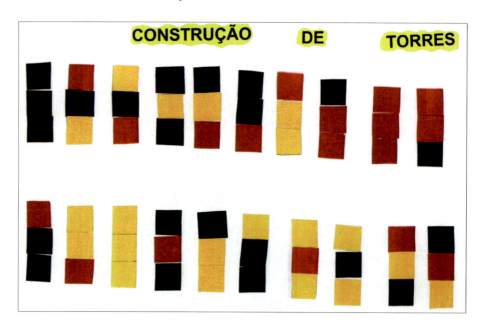

O texto a seguir foi escrito pela classe para registrar suas impressões após a resolução:

> O que foi fácil de resolver neste problema?
> - Olhar as torres que foram feitas.
> - No começo é fácil construir as torres, porque podemos fazer qualquer combinação.
>
> O que foi difícil de resolver neste problema?
> - Descobrir a última torre.
> - Pensar na construção que ainda não tinha sido feita.

Também é possível também propor problemas com materiais variados, nos quais os alunos possam buscar regularidades para resolver o que se propõe. Usando tampinhas e palitos, por exemplo, organizamos um padrão qualquer:

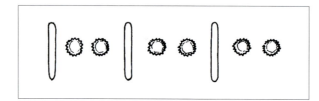

A primeira tarefa dos alunos é descobrir como continuar o padrão. Discutidas as sugestões, o professor pede às crianças que fechem os olhos e esconde, ou retira, uma parte da seqüência. Depois, pede que abram os olhos e problematiza:

- *Que parte da seqüência foi retirada ou está sob o papel?*
- *Quantos palitos e tampinhas foram escondidos?*
- *Em que lugar devemos colocar os objetos retirados para obtermos a seqüência original?*

Os alunos devem ser encorajados a justificar suas respostas oralmente e, também, a criarem suas próprias seqüências. Trabalhando com problemas desse tipo, o professor tem um caso de resolução de problemas no qual o registro oral é mais adequado do que o desenho ou a escrita.

Para encerrar as sugestões de como utilizar materiais didáticos na resolução e na proposição de problemas para crianças não-leitoras, gostaríamos de enfatizar mais uma vez que não basta a manipulação para que os alunos desenvolvam noções e conceitos em matemática. Tampouco essa compreensão está no material em si.

Qualquer recurso didático deve servir para que os alunos aprofundem e ampliem os significados das noções matemáticas. Portanto, ao utilizar com os alunos esse recurso, o importante é que busquemos perceber se eles atribuem significados às ações que realizam e se refletem sobre tais ações.

Problemas a partir de um cenário

Combinando a idéia de problemas orais a partir de uma gravura e problemas com materiais didáticos, podemos propor aos alunos os problemas com cenários.

Nesse tipo de proposta, usamos um cenário previamente escolhido, com personagens que podem ser movimentados e com uma história que articula o tema do cenário com pequenos problemas que as crianças devem resolver, movimentando os personagens ou observando a cena.

Um exemplo dessa proposta é o do cenário do *Sítio do Senhor José*. O material usado para essa história é composto de um cenário como o que segue:

Escolhemos também alguns personagens: galinhas, porcos, bodes, vacas, cavalos, cachorros e gatos. Esses personagens, cujos tipos e quantidades são adaptados de acordo com o cenário e o interesse de cada classe, podem ser formados por brinquedos ou recortados, de modo a permitir que as crianças os movimentem pelo cenário quando forem resolver o problema.

Para trabalhar com o problema, a classe é dividida em grupos de quatro alunos e a cada grupo é dado um cenário com seus personagens correspondentes. Após deixar os alunos observarem a cena, descobrirem seus personagens e imaginarem como trabalharão com o material, o professor pode propor as problematizações iniciais, tendo sempre como base uma história.

> *O senhor José queria muito ter um sítio com muitos animais. Um dia, juntou suas economias e comprou um onde foi morar.*
>
> *Quando lá chegou... Nossa! Que susto! Os bichos faziam a maior confusão perto do celeiro.*
>
> *As vacas pisavam nas galinhas, os gatos fugiam dos bodes, as vacas batiam com o rabo na cara das ovelhas, os cavalos davam coice nos porcos.*
>
> *O senhor José pôs as mãos na cabeça e ficou pensando: "Como vou resolver esta situação?"*

Os alunos discutem como organizarão o sítio e resolvem o problema movimentando os personagens no cenário. Vejamos como ficou o cenário de uma classe de cinco anos que trabalhou esse problema com personagens recortados:

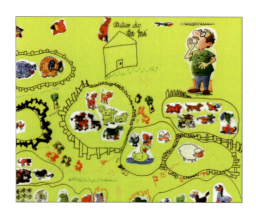

A partir dessa sensibilização inicial, o professor pode ir sofisticando suas propostas:

- O senhor José ficou sabendo que um dos bodes, chamado Billy, gostava muito de ficar dentro do celeiro. Vamos colocar o Billy dentro do celeiro?
- Todos os cavalos foram tomar água. Quantos cavalos são?
- Todas as vacas foram perto das ovelhas. Quantas elas são?
- Os porcos foram para o galinheiro junto com as galinhas. Quantos porcos há no sítio?
- Onde vocês querem colocar os gatos? O que vocês querem saber sobre eles?
- Hoje os animais estão cheios de energia. Quando o senhor José foi ver como eles estavam, viu três galinhas no chão perto da cerca do galinheiro e outra sobre a cerca. Quantas galinhas viu? Quantas estavam escondidas?
- Procurando os cavalos, ele viu que dois deles estavam perto do espantalho. Onde podem estar os outros cavalos?
- O senhor José viu que três porcos estavam comendo. O mesmo número de vacas estava perto do capim. Quantos animais seu José ainda não viu?
- Invente uma pergunta em que apareça a palavra balanço.

Para problematizar e estimular os alunos a elaborarem perguntas, o professor pode usar o mesmo procedimento sugerido para problemas a partir de gravuras. Se desejar registrar com os alunos o processo, é possível utilizar colagem, desenho e texto.

Resolvendo problemas de texto

Aos cinco e seis anos, a partir do momento em que os alunos tenham desenvolvido habilidades de compreender, resolver e representar problemas propostos oralmente, sejam eles numéricos ou não, o professor pode propor que resolvam problemas apresentados por escrito.

Inicialmente, pode parecer estranho propor problemas escritos a crianças que não têm fluência com a leitura, mas não é. As tarefas de resolver problemas escritos permitem ao professor ter em mãos mais um recurso para desenvolver habilidades de leitura e escrita em seus alunos, inclusive em matemática.

Como já dissemos anteriormente, o professor como leitor auxilia os alunos, lendo o problema, garantindo que todos compreendam, cuidando para não enfatizar palavras e incentivando-os a buscarem a solução por si mesmos. Porém, há outros recursos dos quais o professor pode se valer para explorar alfabetização e matemática enquanto trabalha com problemas de texto com seus alunos de Educação Infantil.

Um deles é escrever uma cópia do problema no quadro e fazer com os alunos uma leitura cuidadosa. Primeiro do problema todo, para que eles tenham idéia geral da situação, e depois mais vagarosamente, para que percebam as palavras do texto, sua grafia e seu significado.

Propor o problema escrito e fazer questionamentos orais com a classe, como é comum que se faça durante a discussão de um texto, auxilia o trabalho inicial com problemas escritos:

- Quem pode me contar o problema novamente?
- Há alguma palavra nova ou desconhecida?
- Do que trata o problema?
- Qual é a pergunta?

Novamente, o cuidado nessa estratégia é para não resolver o problema pelos alunos durante a discussão oral, mas há outro cuidado ainda, qual seja, não tornar esse recurso uma regra ou um conjunto de passos obrigatórios que representem um roteiro de resolução.

Se providenciar para cada aluno uma folha com o problema escrito o professor pode ainda:

- pedir aos alunos que encontrem e circulem determinadas palavras:

MINHA MÃE COMPROU 2 TRENZINHOS, 2 BOLAS E 4 CARRINHOS PARA DAR DE PRESENTE A ALGUMAS CRIANÇAS QUE FAZIAM ANIVERSÁRIO EM JUNHO. QUANTOS BRINQUEDOS ELA COMPROU?

- escolher uma palavra do problema e pedir aos alunos que encontrem no texto outras que comecem, ou terminem, com o mesmo som ou com a mesma letra; as palavras podem ser escritas numa lista.

EU TENHO 5 DEDINHOS
NUMA MÃO E NA OUTRA MÃO
SE A GENTE CONTAR DI REITO
NO TOTAL___ *10*___DEDOS SÃO.

Palavras terminadas com ÃO:
Palavras que começam com D:
Palavras que começam com T:

- escrever na lousa o texto do problema sem algumas palavras, pedir para os alunos olharem em duplas seus textos, que devem ser completos, e descobrirem as palavras que faltam. Conforme as palavras são descobertas, os alunos são convidados a ir ao quadro e completar os espaços com as palavras descobertas:

JULIANA ESTAVA COM FOME E PENSOU EM COMER BOLACHAS.
QUANDO PEGOU O POTE DE BOLACHA NO ARMÁRIO E ABRIU, TEVE UMA SURPRESA: O POTE ESTAVA VAZIO.
O QUE PODE TER ACONTECIDO? O QUE ELA PODE FAZER PARA NÃO FICAR COM FOME?

JULIANA ESTAVA COM ____ E RESOLVEU ____ BOLACHAS.
QUANDO PEGOU O POTE DE ____ NO ARMÁRIO E ABRIU TEVE, UMA SURPRESA: O POTE ESTAVA VAZIO.
O QUE PODE TER ACONTECIDO? O QUE ELA PODE FAZER PARA NÃO FICAR COM ____?

- os alunos em duplas recebem um problema escrito e o mesmo problema em tiras, como se fosse um quebra-cabeças que deve ser montado na ordem correta:

NÃO TEM PORTA, NEM JANELA	O QUE É, O QUE É?
DONA CLARA MORA NELA?	NÃO TEM PORTA, NEM JANELA
O QUE É, O QUE É?	DONA CLARA MORA NELA?

Em todos esses casos, o professor pode escolher trabalhar com palavras e frases que sejam significativas para os alunos ou que precisem ser discutidas com a classe, inclusive aquelas que se relacionarem com noções matemáticas.

Os problemas são resolvidos após toda a discussão sobre o texto, que a essa altura já terá sido interpretado e compreendido pela classe, uma vez que as atividades que sugerimos contemplam leitura, escrita e interpretação simultaneamente.

Ao trabalhar problemas de texto com os alunos, é interessante que cuidemos para que eles não sejam sempre de um mesmo tipo ou exclusivamente numéricos. O trabalho com os problemas de textos variados deve, desde a Educação Infantil, favorecer o desenvolvimento de diferentes formas de pensar além da aritmética, estimulando raciocínios diversos, desenvolvendo estratégias variadas de resolução e possibilitando a necessidade de entender uma situação, considerar os dados fornecidos, colecionar dados adicionais, descartar dados irrelevantes, analisar e obter conclusões a partir dos dados, imaginar um plano para a resolução e, finalmente, resolver e verificar a coerência da solução, que são procedimentos comuns tanto no entendimento de diferentes tipos de textos como nos problemas de matemática.

Entretanto, é possível também propor problemas que envolvam outros tipos de textos, como é o caso dos:

Problemas de rima: caracterizam-se por sua linguagem *poética*, similar a poemas e parlendas que os alunos costumam ouvir e recitar desde pequenos e que permitem, por sua musicalidade, quebrar a estrutura convencional dos problemas em matemática e estimular sua interpretação em situações variadas:

> *Botei no forno alguns bolos*
> *10 de coco e 1 inglês*
> *Quando eles ficarem prontos*
> *Quantos como de uma vez?*

Problemas de lógica: fornecem uma proposta de resolução cuja base não é numérica, mas exigem raciocínio dedutivo e propiciam uma experiência rica para o desenvolvimento de operações de pensamento como previsão e checagem, levantamento de hipóteses, busca de suposições, análise e classificação.

> *Ana, Paulo e Tais disputaram uma corrida.*
> *Tais chegou depois de Ana. Ana não chegou em primeiro lugar.*
> *Quem chegou em primeiro lugar? E em segundo?*

Problemas envolvendo as quatro operações: ao propor problemas desse tipo, não devemos preocupar-nos em privilegiar apenas problemas de adição ou contagem, evitando as demais operações, porque as julgamos complicadas para os alunos resolverem.

Como dissemos antes, se não houver pressão por encontrar a resposta correta ou a sentença matemática para expressar a resolução, as crianças podem não apenas resolver os variados tipos de problemas numéricos, mas também podem refletir sobre uma operação e seus significados muito antes de expressar a resolução na escrita convencional da matemática. O exemplo a seguir, resolvido por crianças de seis anos, atesta isso:

> *Renata comprou 36 bolinhas de gude que vai dar para seus três filhos.*
> *Sabendo que ela vai dar o mesmo número de bolinhas para cada filho,*
> *quantas bolinhas cada um vai ganhar?*

Do mesmo modo, é interessante que os problemas numéricos apresentem mais do que uma solução, o que acaba por exigir das crianças que descubram novas maneiras de representar soluções e evita que desenvolvam a crença de que os problemas numéricos têm apenas uma solução:[11]

---

[11] Os dados deste problema estão relacionados a textos de histórias lidos pelas crianças. Houve uma conversa sobre a impossibilidade de uma única galinha botar tantos ovos por dia.

Vale destacar ainda que os problemas numéricos podem servir como uma forma de estimular os alunos a sentirem a necessidade de se expressar graficamente e de aprimorar tais representações.

As Crianças Elaboram seus Próprios Problemas

Uma das melhores estratégias que podemos utilizar desde a Educação Infantil para ampliar a compreensão dos alunos sobre a resolução de problemas é propiciar situações nas quais eles possam criar seus próprios problemas nas aulas de matemática.

De modo geral, a formulação de problemas pelos alunos permite que desenvolvam habilidades de comunicação oral e escrita e falem sobre o que lhes é significativo, estimulando sua capacidade de analisar, interpretar e articular informações, uma vez que podem perceber o que é importante na elaboração e na resolução de uma dada situação; que relação há entre os dados apresentados, a pergunta a ser respondida e a resposta. Mais que isso, ao formular problemas, os alunos sentem que podem participar das aulas de matemática não apenas como resolvedores, mas também como pessoas que elaboram problemas.

Como em toda produção de texto, a elaboração de problemas necessita ser encarada como algo desafiador e motivador. É preciso estimular a capacidade inventiva e questionadora dos alunos, desenvolvendo na sala um clima de interação e respeito, no qual todos possam participar e dar sua contribuição para produzir o texto.

As primeiras propostas de formulação de problemas devem ser planejadas com cuidado, uma vez que as crianças podem demonstrar dificuldade em realizar tal tarefa por estarem acostumadas apenas a resolver problemas e, também, por não serem escritoras.

Na Educação Infantil, os alunos podem iniciar suas primeiras vivências de formulação de problemas assim que passarem por algumas experiências de resolução propostas pelo professor. No início, os problemas elaborados por eles podem ser orais, discutidos por todo o grupo e formulados quando o professor utiliza a proposição de problemas a partir de uma gravura. Vejamos um exemplo de perguntas que os alunos elaboraram para uma gravura:

Posteriormente, para que os alunos percebam como se dá a organização de um texto de problema em matemática, é fundamental que sejam produzidos textos com maior número de frases e com parágrafos mais longos. Nesse caso, o ideal é que as escritas sejam coletivas, com o professor exercendo a função de escriba e registrando na lousa, ou em uma folha grande, os problemas elaborados pelos alunos, seguindo os procedimentos comuns de um texto coletivo.

Em um primeiro momento, podemos fazer propostas que auxiliem os alunos a perceberem a forma de um texto de problemas e o que é essencial na sua formulação.

Criando outra pergunta

A proposta aqui é que os alunos, após resolverem um problema proposto pelo professor, possam reconhecer os dados, a situação criada, as perguntas já feitas e criar uma nova pergunta para ele.

Vejamos as perguntas que crianças de seis anos elaboraram após terem resolvido o problema: *Cláudia tinha um gato e uma gata que estava grávida. Um dia, nasceram oito gatinhos. Com quantos gatos Cláudia ficou?*

Perguntas que o Jardim III B criou:

1. Como eram os nomes do gato e da gata?
2. O que a Cláudia vai fazer com os gatinhos?
3. Quantos olhos têm todos os gatos juntos?

Criando um problema parecido

Nessa atividade, após os alunos terem resolvido alguns problemas de um mesmo tipo, o professor propõe que criem um problema parecido coletivamente ou em grupos.

Um exemplo disso são os problemas elaborados em grupo por alunos de cinco anos após terem resolvido vários problemas do tipo O que é? O que é? individualmente.

Em outra turma, após desenvolver alguns problemas de simulação da realidade, o professor propôs que seus alunos de seis anos elaborassem um problema parecido. O tema que a turma escolheu foi um *passeio de barco* e o problema que criaram foi o seguinte:

> *João estava passeando de barco no rio. O barco furou e entrou muita água nele. Como o João fez para se salvar?*

Dada a proposta de elaboração, o professor organiza a classe para que todos apresentem suas idéias, incentivando que falem, questionando quando necessário e registrando o texto de acordo com o que é proposto pela classe, cuidando para discutir a escrita das palavras, a ordem das idéias, onde vai a pergunta, etc.

Na verdade, o processo de elaborar um problema coletivamente é similar àquele usado para registrar por escrito as soluções das crianças ou produzir qualquer outro texto coletivo. A diferença no processo se estabelece quando é necessário discutir com os alunos aspectos que são característicos dos problemas, tais como ter sempre uma ou mais perguntas para serem respondidas.

Conforme percebe que seus alunos adquirem familiaridade e habilidade com a formulação de problemas, o professor pode variar as propostas conforme indicamos a seguir.

Qual é a pergunta?

Nessa proposta, o professor fornece alguns dados aos alunos, ou um problema incompleto, e pede a eles que façam uma pergunta envolvendo os dados.

Por exemplo, o professor diz: *Júlia estava sozinha na sala de aula e queria pegar um livro em cima do armário.* Os alunos são incentivados a criar perguntas para o problema.

Outra possibilidade é o professor dizer às crianças: *Quatro carrinhos e um caminhão.* Elas, então, são incentivadas a fazer perguntas que envolvam esses dados: *Quantos brinquedos? Há mais carrinhos ou caminhões? Quem é o dono dos carrinhos?*

É interessante que, ao ouvir e discutir com a classe as perguntas elaboradas, o professor anote no quadro o texto juntamente com as respectivas questões e depois leia com a classe em voz alta o problema completo.

Qual é o problema?

Nesse caso, os alunos são incentivados a formular pequenos textos para um problema a partir de dados fornecidos pelo professor ou, até mesmo, a partir de uma resposta.

Por exemplo, o professor diz: *Cachorro, quatro patas, três cachorros. Qual é o problema?* A partir daí, ele discute com a classe como fazer um problema. A classe pode criar um problema como *Um cachorro tem quatro patas, quantas patas têm três cachorros?*

Uma outra possibilidade é dar aos alunos uma folha com desenhos ou recortes tirados de um catálogo de brinquedos e, dada uma resposta, pedir que elaborem um problema que tenha aquela resposta. Por exemplo, ao mostrar a figura, o professor pode dizer: *A resposta é 8 reais. Qual é o problema?*

Vejamos alguns problemas desse tipo elaborados coletivamente por alunos de seis anos:

1. Ana comprou uma boneca e um livro. Quanto gastou?
2. Pedro quer comprar uma bola, um pato e um bicho de pelúcia. Quanto vai gastar?

Temos um problema

Nessa proposta, o professor divide a classe em grupos de quatro alunos e propõe a eles que observem atentamente a classe e procurem encontrar dados para fazer um problema ou uma pergunta. Por exemplo, *Uma criança tem duas mãos, quantas mãos têm duas crianças?*, ou *Quem está sentado entre Paulo e Ana?*

O grupo que conseguir um problema com informações da própria classe diz: *Temos um problema.* Nesse momento, todos param para ouvir e resolver o problema, que será também registrado por escrito no quadro.

Criando uma história

O objetivo dessa atividade é que os alunos possam elaborar problemas com textos mais longos e complexos, por isso a consigna diz que devem criar uma história que é um gênero de texto familiar. Eles sabem que ela tem começo, meio e fim, é mais longa do que uma frase. No entanto, como queremos que percebam o que é e como se elabora um problema, dizemos aos alunos que nossa *história* deverá terminar com perguntas às quais responderemos depois. A história pode ser criada a partir de uma figura, um tema ou um assunto que seja de interesse dos alunos naquele momento.

Vejamos a seguir exemplos de dois problemas elaborados por crianças de cinco anos.

Este foi um dos primeiros problemas elaborados pelos alunos. Podemos notar que ele possui algumas das características que marcam as histórias infantis, como começar com *Era uma vez*. Notamos também que no texto há perguntas numéricas e outras não. Isso decorre do fato da classe estar acostumada a resolver problemas desses dois tipos.

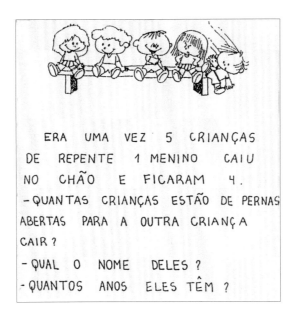

Conforme as propostas de formulação vão acontecendo, e se o professor conduz os alunos a se interessarem pelo tema ou pela gravura que está gerando o problema, é normal que os textos fiquem mais complexos, como podemos ver neste outro exemplo feito pelos mesmos alunos:

Era uma vez 5 passarinhos na gaiola. A porta da gaiola estava aberta porque esqueceram de fechá-la. Papai e mamãe passarinho voaram para pegar minhocas para seus 3 filhotes. Voltaram para a gaiola com 5 minhocas e fizeram um grande almoço.
1º Onde estava pendurada a gaiola?
2º Por que o pai e a mãe não levaram os filhotes junto?
3º Quantos passarinhos estão na gaiola?
4º Se cada passarinho comer duas minhocas, quantas eles terão que pegar?

Nos dois exemplos anteriores, notamos que há perguntas que não podem ser respondidas diretamente pelo texto e que exigirão discussões para serem respondidas. Nesse momento, não há nada de errado em que isso aconteça e, mesmo em séries posteriores, os alunos terão oportunidades de discutir a função das perguntas e sua relação com o problema.

Contudo, há vantagens de os textos das crianças apresentarem perguntas abertas, ou excesso de dados, e serem mais longos do que o habitual, pois isso evita que eles desenvolvam crenças inadequadas sobre problemas e suas soluções, como, por exemplo, que todos os dados de um problema constam no texto e serão usados em sua resolução ou que os problemas têm sempre solução.

O que fazer com os problemas que os alunos formulam

Um dos aspectos que temos procurado enfatizar nessa proposta de resolução de problemas para Educação Infantil é a importância da comunicação como forma de propiciar aos alunos ampliarem sua compreensão a respeito de noções e procedimentos matemáticos. Ao propormos que os alunos elaborem problemas, esse princípio não pode ser esquecido.

Os problemas formulados pelos alunos devem ser resolvidos pela classe, como propôs o professor quando os alunos criaram o texto citado anteriormente: *João estava passeando de barco no rio. O barco furou e entrou muita água nele. Como o João fez para se salvar?*

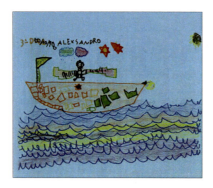

Eu pedia socorro pelo celular.   Uma fada me ajudava.

Também é possível promover a troca dos problemas criados entre duas classes para que os alunos resolvam os problemas uns dos outros.

Problema elaborado pelo jardim III "A"

"PROBLEMA A PARTIR DA GRAVURA."

EM UM PARQUE HAVIA O RENATO, HUGO E O RICARDO QUE ESTAVAM BRINCANDO DE ESCONDE-ESCONDE.

O JUQUINHA SEM SABER COMO ERA A BRINCADEIRA FICOU PARADO ENTÃO OS OUTROS O ENSINARAM.

DESSA MANEIRA, FICARAM BRINCANDO ATÉ AS MAMÃES DELES CHAMAREM PARA COMER O ALMOÇO.

PERGUNTAS:
1- PARA QUE AS MAMÃES CHAMARAM?
2- QUANTAS CRIANÇAS ESTAVAM BRINCANDO?
3- POR QUE O JUQUINHA FICOU PARADO?
4- POR QUE O JUQUINHA NÃO SABIA A BRINCADEIRA?
5- ATÉ QUANTO ELES CONTAVAM PARA BRINCAR DE ESCONDE-ESCONDE?

Problema resolvido pelo jardim III "B"

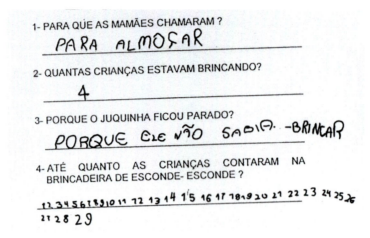

Os problemas podem ainda ser colocados em um cartaz e expostos em local visível, reproduzidos para todas as crianças, ou mesmo formar um pequeno livro de problemas elaborados pela classe ao longo do ano:

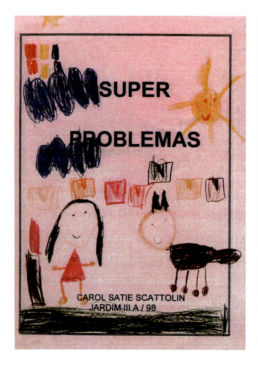
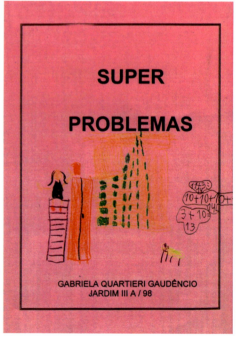

Esses procedimentos que criam um leitor para o problema elaborado, incentivam os alunos a produzirem problemas cada vez melhores e mostram às crianças que, assim como ocorre com a língua materna, os textos produzidos em matemática têm como função expor, registrar, marcar uma posição e, por isso, é importante que sejam claros, precisos e bem elaborados.

Fazendo uma Síntese: Planejar e Avaliar

Restam ainda duas questões importantes para completar o trabalho com a resolução de problemas: o planejamento das ações e a avaliação.

A partir dos vários exemplos ao longo deste livro, esperamos ter evidenciado a importância do planejamento para poder alcançar o desenvolvimento das crianças em termos de habilidades e atitudes envolvidas na resolução de problemas. Isso requer do professor reflexão sobre o que fará e o que foi feito a cada instante, por isso é aconselhável que ele mantenha registros escritos para avançar em direção aos objetivos traçados e poder replanejar sempre que necessário.

Explicitemos, então, os objetivos da resolução de problemas para a Educação Infantil.

> Habilidades e procedimentos que esperamos que as crianças desenvolvam no processo de resolução de problemas:
>
> - Ler e interpretar diferentes tipos de textos.
> - Desenvolver e utilizar as linguagens oral, pictórica e escrita.
> - Argumentar e questionar.
> - Levantar hipóteses.
> - Checar as hipóteses feitas.
> - Verificar se as respostas obtidas são adequadas à situação ou à pergunta.
> - Fazer diferentes representações de uma mesma situação.
> - Aplicar os conhecimentos matemáticos envolvidos nas situações-problema.

> Atitudes que buscamos desenvolver em nossos alunos na Educação Infantil e que estão presentes na perspectiva metodológica da resolução de problemas:
>
> - Confiar em seu próprio conhecimento.
> - Ouvir e respeitar o outro.
> - Perseverar na busca da resolução de uma situação.
> - Trabalhar cooperativamente.

Para alcançar todos esses objetivos, o planejamento deve prever que o trabalho com resolução de problemas esteja presente ao longo de todo o ano, com alternância de propostas. Assim, os problemas devem ser planejados de tal forma que em uma semana se privilegie a resolução e em outra a formulação, sendo possível combinar as duas propostas, e que se alternem os tipos de problemas e de registros dos alunos.

O planejamento também deve contemplar diversas organizações dos alunos na sala – roda, duplas, grupos, individualmente –, assim como o modo dos registros propostos aos alunos, isto é, se farão a resolução oralmente, ou se será solicitado um desenho ou texto para mostrar a resolução do problema.

Apenas para sintetizar, organizaremos em uma tabela os diferentes tipos de problemas para resolução nas diferentes propostas que permitem a problematização e a invenção de problemas pelos alunos.

> Resolução de diferentes tipos de problemas, envolvendo contextos numéricos e não-numéricos
>
> - Adivinhas
> - Simulação da realidade
> - Problemas a partir de uma gravura ou imagem
> - Situações do cotidiano
> - Jogos
> - Problemas a partir de materiais manipuláveis
> - Problemas a partir de um cenário
> - Problemas na forma de textos

> Propor que os alunos inventem problemas da seguinte forma:
>
> - Uma nova pergunta para uma situação conhecida
> - Um problema parecido com um resolvido
> - A partir de uma simulação da realidade
> - A partir de uma gravura
> - A partir de algumas palavras e/ou números
> - A partir de situações da classe
> - Uma história com perguntas no final

A avaliação, em conjunto com o planejamento e as ações didáticas, constitui o projeto pedagógico de cada professor, por isso pode parecer estranho que a discussão sobre a avaliação tenha sido deixada para o final do livro. Contudo, se voltarmos ao texto com atenção, podemos perceber que ela esteve presente o tempo todo.

Neste livro, ela esteve presente, em seu caráter *diagnóstico*, todas as vezes que sugerimos ao professor ouvir e observar seu aluno, permitir que ele expresse ou registre o que sabe ou pensa que sabe sobre o problema, sua resolução e os conceitos envolvidos.

A avaliação esteve junto dessa proposta, em sua forma de *acompanhamento* do processo de aprendizagem, quando dissemos ao professor: observe, registre, peça que seu aluno fale ou represente como ele pensou, como ele fez, o que ele não entendeu...

E, finalmente, a avaliação formativa esteve presente, como *intervenção*, sempre que orientamos o professor a repensar as ações planejadas em função dos avanços ou das dificuldades apresentadas pelas crianças.

O que nos resta analisar a partir dessa célula única que contém as ações de diagnóstico, acompanhamento e intervenção é sua sistematização em relação a alguns aspectos.

O primeiro deles diz respeito à observação. É impossível observar todos os alunos ao mesmo tempo, assim como só tem sentido observar o que nos propomos como objetivo observar. Portanto, o planejamento e a organização da sala são pontos fundamentais para orientar o olhar pedagógico sobre nossos alunos.

Nesse sentido, organizar uma ficha ou caderno com os objetivos que desejamos observar, registrar e datar as observações feitas, de modo que todos os alunos possam ser observados em diferentes momentos, é uma maneira simples e prática para auxiliar as intervenções a serem feitas no planejamento ou, eventualmente, com alguns alunos em especial.

Isso dá trabalho e exige disciplina e perseverança do professor; porém, como estas são atitudes que queremos de nossos alunos, cabe a nós o exemplo primeiro. Além disso, a avaliação que depende exclusivamente da memória do professor ficará restrita a episódios críticos na sala de aula, deixando de lado o aluno que fala pouco, uma forma diferente de abordar uma determinada idéia ou atividade, o progresso do aluno com dificuldade.

Essas observações escritas fazem parte dos registros do professor, pois a elas se somam suas reflexões sobre as atividades feitas, as dificuldades apresentadas pela classe para o desenvolvimento de uma idéia ou atividade, as decisões que reorientam seu planejamento, seus comentários sobre falhas ou pontos positivos de um material, texto ou dinâmica de sala de aula.

Um exemplo interessante é o que podemos observar nas reflexões de uma professora de alunos de cinco anos, após uma atividade feita no pátio, cujo objetivo era que os alunos percebessem características de retângulos e paralelogramos, andando sobre figuras desenhadas no chão.

RELATÓRIO DA ATIVIDADE
"ANDANDO SOBRE RETÂNGULO E PARALELOGRAMO"
JARDIM II B – PROFESSORAS MILA E ALESSANDRA

Objetivos gerais: que o aluno reconheça figuras, suas relações e propriedades; relacione as idéias matemáticas de números e medidas; desenvolva o sentido de espaço, levando-se em conta os aspectos posicionais e geométricos.

Avaliação da semana: selecionamos a atividade do dia 8/9 para avaliar se as crianças identificam formas planas como retângulo e paralelogramo.

Atitudes esperadas das crianças frente às atividades dadas:

Expõem suas idéias. Participam ativamente na elaboração de textos. Respeitam a fala e o momento de participação do outro.

Como avaliar: pela observação da participação de cada criança e pela comparação dos diferentes registros.

Por ser uma atividade que temos feito muitas vezes, já é bastante conhecida pelas crianças e elas gostam muito.

Percebo que contar quantos pés será necessário para andar sobre a forma é bastante prazeroso.

> Desta vez, em especial, pediram-me para andar e contar quantos dos meus pés seriam necessários para andar sobre toda a figura.
>
> Ficaram surpresos ao ver que eu precisava de muito menos pés do que eles. Foi um momento interessante e percebi que todos ficaram pensando no "porquê" do resultado.
>
> O silêncio permaneceu até o momento em que eu perguntei: "Por que isso aconteceu?" Muitas hipóteses *foram* levantadas e um intenso " falatório " instalou-se na sala.
>
> Tive que andar muitas outras vezes, indo e vindo pelo retângulo. Eles queriam ver se eu estava realmente encostando o calcanhar na ponta do dedo do outro pé, punham as mãos em meus pés, abaixavam, encostavam a cabeça no chão...
>
> As questões de medição ficaram fortes e intensas, e a discussão continuava até que, em meio a muitas hipóteses, o Gabriel levantou a possibilidade de ser por causa do tamanho do meu pé. "Também, ela tem o maior pezão!"
>
> Foi então que todos mediram seus pés.
>
> Sei que para alguns isso continuou sendo um mistério; no entanto, para a maioria, ficou esclarecido.
>
> Em um outro momento, pensando um pouco sobre as discussões, tive a idéia de repetir esta atividade com o intuito apenas de medir, talvez com as mãos ou palitos, canudos... Penso em colocar isso no próximo semanário.

Como podemos observar, apesar de a atividade planejada ter objetivos claros, o olhar observador da professora percebeu um interesse diferente dos alunos. A partir daí, problematizando a situação, foi possível reorientar o trabalho com os alunos em direção a outro objetivo, que é a percepção de que diferentes unidades de medida correspondem a diferentes resultados da medição, o que seria tratado em outro momento.

Outro cuidado em relação à avaliação é o acompanhamento do desenvolvimento dos alunos através do arquivamento de suas produções. Não se trata apenas de fazer uma pasta na qual são colocados todos os trabalhos do aluno e, em geral, é enviada para casa e torna-se com o tempo, guardado de pais zelosos ou simplesmente desaparece.

Dois termos ainda não usuais, mas que se contrapõem às conhecidas pastas, são o processofólio e o portfólio empregados por Gardner(1994) e Smole(1996), para identificar a documentação, que permite não apenas que o aluno valorize sua produção, mas que também auxilie o professor a organizar um material que propicie a si próprio e aos pais uma noção da evolução do conhecimento da criança ao longo do período em que o trabalho foi realizado.

No processofólio, são arquivados os registros produzidos pelo aluno ao longo de um período de trabalho, a saber: textos, desenhos e atividades diversas de recorte, colagens e projetos feitos pela criança. Esses registros podem ser relativos a diferentes momentos de resolução de situações-problema, ou estar relacionados a outros tipos de atividades desenvolvidas.

A cada proposta de registro, o professor expõe ou as crianças comentam oralmente suas produções e as produções de outras crianças. O que se espera com esse procedimento é que a criança se dê conta de que suas representações em forma de desenhos, textos ou sinais matemáticos comunicam noções presentes nas atividades vivenciadas, fazendo-se, pouco a pouco, entender pela interação com o outro por meio desse tipo de registro.

Como já dissemos, é através da interação com as outras crianças e com o professor que os alunos vão aprimorando suas representações e desenvolvendo novas maneiras de se comunicar. Ao mesmo tempo, a linguagem materna, oral e escrita, a linguagem pictórica e até a linguagem matemática vão desenvolvendo-se naturalmente.

O processofólio seria o representante mais nítido para a criança da perdurabilidade de suas impressões, percepções e reflexões, permitindo que esses elementos sejam conservados no tempo e no espaço, o que nem sempre é possível através da linguagem oral ou da memória do professor. Na organização dos processofólios, os alunos têm oportunidades freqüentes para folhear e olhar seus trabalhos. Isso lhes permite uma possibilidade de ter consciência do número de atividades em que estão envolvidos e dos avanços que realizaram.

Por outro lado, ao final de um período de trabalho, pode-se propor a elaboração de um portfólio, isto é, coletar dentre os registros feitos no processofólio as melhores produções aquelas que mostram algo que o aluno aprendeu de novo, uma solução original selecionada por ele eventualmente com o auxílio dos colegas e do professor. Esse instrumento de avaliação permite ao aluno participar da organização do seu material e refletir sobre o que nele está contido, ou seja, ele se auto-avalia. O portfólio é o que o aluno acredita ter feito de melhor, aquilo que deve ser valorizado como suas conquistas e que pode servir para que os pais e a comunidade da escola percebam os avanços de cada criança.

Os processofólios permitem ao professor refletir sobre que tarefas fizeram mais sentido, quais deram resultados mais efetivos, quais ficaram confusas e necessitam de maiores ou novas explorações, que alunos apresentam dificuldades ou não perceberam as relações e os conceitos que a atividade envolvia. Já o portfólio mostra a visão de cada criança sobre seu próprio trabalho, confirmando ou não as observações do professor sobre ela.

Assim, os registros do professor, em conjunto com os de seus alunos, compõem a memória do trabalho realizado, iluminam o caminhar, historiam a vida da classe e de cada aluno e legitimam as decisões tomadas.

Para concluir este livro, é importante lembrar que, ao propor um trabalho com a resolução de problemas na Educação Infantil, nosso objetivo não é capacitar a criança a resolver problemas de adição – ou qualquer outra operação – nem tampouco a escrever sentenças matemáticas. Nosso objetivo maior é possibilitar à criança desenvolver sua capacidade de pensar matematicamente e analisar sua realidade fazendo diferentes tipos de relações.

Mais que isso, acreditamos que esse trabalho no qual a criança elabora questões, lê e interpreta diferentes tipos de textos, registra suas hipóteses e soluções através de diferentes representações contribui para o seu desenvolvimento harmônico, alcançando a aprendizagem da leitura e da escrita, mas especialmente desenvolvendo habilidades de pensamento essenciais para que possa continuar aprendendo confiante em suas formas de pensar e segura para ousar e criar.

Problemoteca

Uma das maiores dificuldades que o professor de Educação Infantil encontra para desenvolver o trabalho com resolução de problemas junto a seus alunos é localizar problemas variados e adequados a essa faixa etária. Pensando nisso, organizamos uma pequena coletânea de problemas que apresentamos a seguir e demos a ela o nome de problemoteca.

Sugerimos que o professor monte uma problemoteca pessoal, que pode ficar em uma caixa ou fichário onde se colocam fichas numeradas contendo problemas.

A montagem da problemoteca pode ser feita pelo professor a partir de problemas coletados em revistas, livros e outros que ele mesmo elabora. No momento em que for organizar sua coleção de problemas, eles podem ser separados de acordo com os exemplos que demos ao longo deste livro e incluir ainda outros.

Problemas envolvendo movimentos corporais

Quem vem sentar ao meu lado?

Idade: a partir de quatro anos.
Material: cadeirinhas.

– As crianças sentam no chão.
– As cadeirinhas vazias são organizadas em círculo.
– O professor senta em uma cadeira e inicia o jogo dizendo:

Esta cadeira, ao meu lado, está reservada para a menina (o) que... (descreve a criança).

– O aluno descrito que conseguir identificar-se senta na cadeira e dá continuidade ao jogo, escolhendo um novo colega através de pistas verbais.

Ajudando o cachorrinho a encontrar seu osso

Idade: quatro anos.

Material: um osso de papelão.

Regra: a criança escolhida (Totó) terá que adivinhar onde as outras esconderam o osso a partir de pistas dadas pelo grupo: está quente, morno, frio, gelado (o grupo todo fala). O Totó escolherá o próximo adivinhador.

Variação: ao invés de o grupo falar "frio/quente", cada criança dará uma pista sobre o lugar onde o osso foi escondido. Poderão ser de 5 a 10 ossos escondidos e 3 cachorrinhos. Ganha quem achar o maior número de ossos.

Quem escondeu a vassoura da bruxinha?

Idade: a partir de quatro anos.

Material: um canudo ou outro objeto que represente uma vassoura.

Regra: uma criança escolhida (bruxa) sai da classe e depois terá que adivinhar quem escondeu sua vassoura (uma criança é escolhida para ficar com a vassoura) a partir de pistas dadas pelo grupo (descrições). O adivinhador terá tantas chances quantas o professor achar necessárias.

As crianças que participaram da primeira rodada escolhem as próximas participantes.

Simulações da realidade

1. Paulo não quer cortar o cabelo, que está muito comprido.
   O que você faria se fosse Paulo?
   E se fosse a mãe ou o pai de Paulo?
2. Cristiane foi à padaria para comprar pão e leite. Quando chegou lá, viu que estava sem dinheiro. O que pode ter acontecido?
   Como Cristiane vai resolver esse problema?
3. Os bombeiros foram chamados para apagar um incêndio e, quando chegaram ao local, perceberam que o caminhão estava sem água. O que fazer?
4. Mamãe foi cozinhar e acabou o gás.
   E agora, como ela vai fazer?
5. Sua mãe comprou sorvete e depois foi à farmácia, onde encontrou uma amiga e ficaram conversando. Ela se distraiu e esqueceu o pacote na farmácia.
   E agora?
   O que vai acontecer?
6. A nossa classe foi passear no zoológico. Quando todos estavam olhando os bichos, a professora disse:
   – Agora, cada um pode fazer o que quiser.
   Logo depois, o guarda veio avisar que o leão tinha fugido da jaula.
   E agora?
7. Em um dia de aula, Pedrinho chegou atrasado. Como ele conseguiu entrar?

Problemas de lógica

1. Não sou o primeiro da fila, nem o último.
   Não uso boné na cabeça.
   Atrás de mim tem mais uma pessoa.
   Escolha um nome para mim.

2. Willian mora em uma casa que tem alguns detalhes iguais aos da casa de Eugênia.
   Lúcia, que é vizinha de Eugênia, às vezes vai assistir à televisão na casa de Hamilton, que mora em um sobrado.
   Onde mora cada um desses personagens?

3. Renato é mais baixo que Ricardo e Rogério, mas Renato é mais alto que Roberto.
   Rogério é mais alto que Renato e mais baixo que Ricardo.
   Qual é o nome de cada um deles?

4. Quem mora onde?
   Gustavo está procurando a casa de sua amiga Juliana, mas não consegue encontrar. Vamos ajudá-lo?
   - A casa de Juliana tem dois andares.
   - Na parte de baixo tem uma porta só.
   - Na parte de cima tem duas janelas, uma com cortina.
   - No telhado da casa tem uma antena de televisão.
   - O número da casa de Juliana é o maior número que vem antes de 20.

Problemas com o uso de materiais manipuláveis

1. Hoje o professor entregou 18 lápis para o grupo das meninas e 11 lápis para o grupo dos meninos. Quantos lápis ele entregou a seus alunos?
2. Cada aluno tem 10 palitos sobre sua carteira. O professor questiona:
   - Se você der 4 palitos a um amigo, com quantos ficará?
   - Se você der 7 palitos para seu amigo, com quantos ficará?
   - Se você der 3 palitos para cada um de seus dois amigos, com quantos ficará?
3. O professor pede aos alunos para que peguem dois palitos e pergunta:
   - Quantos palitos você deve pegar para ficar com 10 palitos?
   - Quantos palitos faltam para completar 8 palitos?
4. Você precisa colocar 16 palitos em 5 envelopes. Nenhum envelope pode ficar vazio; em cada envelope podemos ter 3, 4 ou 5 palitos; todos os palitos precisam ser utilizados. Como resolver isso?
5. Veja uma construção que fiz usando 5 cubos:

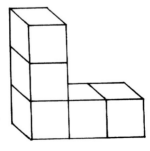

Quantas construções diferentes dessa você consegue fazer usando 5 cubos?

6. Usando estas 3 figuras geométricas, monte um retângulo e depois, faça com elas um triângulo.

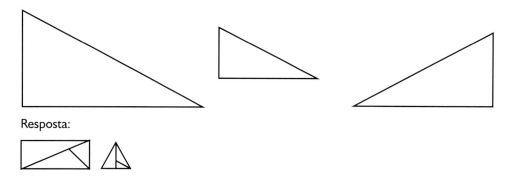

Resposta:

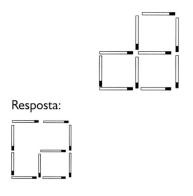

7. Mover 2 palitos para ficar com apenas 2 quadrados:

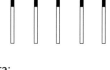

Resposta:

8. Como formar 2 triângulos com 5 palitos?

Resposta:

Problemas de texto

1. Em um aquário, havia 6 peixinhos. Coloquei mais 3. Quantos peixinhos ficaram no aquário?
2. Um grupo de crianças foi ao parque e deixou seus tênis lá. A professora recolheu 10 tênis. Quantas crianças deixaram seus tênis no parque?
3. Fábio tinha 7 carrinhos e ganhou mais 3 de seu tio.
   - Quantos carrinhos tem agora?
   - Os carrinhos de Fábio têm 4 rodas cada um. Se Fábio resolver contar todas as rodas de seus carrinhos, quantas rodas contará?
   - Segunda-feira, Fábio resolveu brincar com seus carrinhos no tanque de areia e perdeu 4 carrinhos. Com quantos carrinhos Fábio voltou para casa?

4. Tenho 12 pés de meia para dar de presente aos meus amigos. Para quantas crianças poderei dar meias?
5. Marcos e Paulo estão brincando de tiro ao alvo. Cada um tem direito a 3 jogadas. Este é o desenho do alvo.

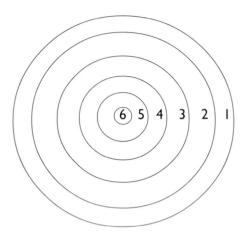

Marcos acertou as flechas nos números: 1, 2 e 6.
Paulo acertou as flechas nos números: 3, 4 e 1.
Quem ganhou a partida?

6. Mico e Tico são 2 macacos loucos por banana. Andando em sua casa no zoológico de São Paulo, eles encontraram 8 bananas que o tratador Pedro havia deixado por lá. Depois de muito conversarem, resolveram repartir as bananas de modo que os 2 ficassem com a mesma quantidade.
    - Como podem fazer isso?
    - Com quantas bananas cada um vai ficar?
7. Rodrigo tem 2 coelhos, Juquinha e Piteco. Rodrigo comprou 10 cenouras e quer dar para Juquinha e Piteco, de modo que os 2 ganhem a mesma quantidade de cenouras. Quantas cenouras cada coelho vai comer?
8. Usando apenas 2 cores, de quantas formas diferentes você consegue pintar os quadrados abaixo?

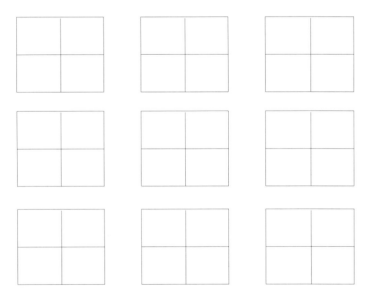

Problemas de rima

1. Paula tem uma rosa
   três violetas, 2 jasmins
   De suas_____ flores
   Não dá nenhuma pra mim.

2. Lá no céu tem 12 estrelas
   Todas elas em fileirinha
   Uma é minha, quatro são suas
   As outras _____ são de Mariazinha.

3. Uni, duni, te
   dois sorvetes colore
   três brigadeiros de comer
   Meus _____ doces pra você.

Adivinhas

Para problemas de *adivinhas,* o professor pode consultar os livros de Azevedo (1997), Brandão (1998), Furnari (1994) e Rocha & Ono (1997), listados nas referências biblio-gráficas a seguir.

Jogos

Para *jogos,* o professor pode consultar os livros de Kammi(1991), Kamii (1992) e Brandão (1998), listados nas referências bibliográficas a seguir.

Para Encerrar

creditamos que este livro tenha trazido para o professor diversas idéias de como diversificar suas ações pedagógicas para que seus alunos tenham novas oportunidades de aprender matemática. Além disso, esperamos ter propiciado reflexões sobre a importância da resolução de problemas no ensino e na aprendizagem da matemática na Educação Infantil.

Ao concluir a leitura deste livro, sugerimos ao professor que volte a alguns pontos do texto que para nós são essenciais: releia o item sobre a importância da comunicação, retome algumas sugestões de problemas, faça uma nova leitura da Introdução para perceber mais claramente as relações entre nossa concepção de ensino e aprendizagem, a proposta da resolução de problemas e a prática relatada. Experimente realizar algumas das sugestões com sua classe e depois, escreva-nos para dar sua opinião, contar sua prática, tirar dúvidas. Nosso endereço é:

Penso Editora Ltda.
A/C de Kátia Stocco Smole, Maria Ignez ou Patricia Cândido
Av. Jerônimo de Ornelas, 670
CEP 90040-340 Porto Alegre, RS – Brasil

Referências Bibliográficas

AZEVEDO, R. *Brincando de adivinhar.* São Paulo: Moderna, 1997.
BERDONNEAU, C. e CERQUETTI-ABERKANE. *O ensino da matemática na educação infantil.* Porto Alegre: Artes Médicas Sul, 1997.
BRANDÃO, H. e FROESELER, M.G. *O livro dos jogos e das brincadeiras.* Belo Horizonte: Leitura, 1998.
CHARNAY, R. (Org.) *A descoberta dos números: contar, cantar e calcular.* Lisboa: Edições ASA, 1995.
COLL, C. et al. *O construtivismo na sala de aula.* São Paulo: Ática, 1997.
COLL, C. *Psicologia e currículo.* São Paulo: Ática, 1996.
FREIRE, M. et al. *Grupo.* São Paulo: Espaço Pedagógico, 1997.
FREIRE, M. et al. *Observação, registro e reflexão.* São Paulo: Espaço Pedagógico, 1997.
FURNARI, E. *Adivinhe se puder.* São Paulo: Moderna, 1994.
GARDNER, H. *A criança pré-escolar: como pensar e como a escola pode ensiná-la.* Porto Alegre: Artes Médicas Sul, 1994.
KAMII, C. e LIVINGSTON, S.J. *Desvendando a aritmética: implicações da teoria de Piaget.* Tradução: Marta Rabigliolio e Camilo F. Ghorayeb. Campinas: Papirus, 1995.
KAMII, C. e DEVRIES. *Jogos em grupo na educação infantil.* São Paulo: Trajetória Cultural, 1991.
KAMII, C. e JOSEPH, L.L. *Aritmética: novas perspectivas.* Campinas: Papirus, 1992.
KAUFMAN, A. M. et al. *Alfabetização de crianças; construção e intercâmbio.* 7·ed. Porto Alegre: Artmed, 1998.
KISHIMOTO, T.M. *O jogo e a educação infantil.* São Paulo: Pioneira, 1994.
LERNER, D. *A matemática na escola aqui e agora.* Porto Alegre: Artes Médicas Sul, 1997.
MACHADO, N.J. *Epistemologia e didática: as concepções de conhecimento e inteligência e a prática docente.* São Paulo: Cortez, 1995.
MOURA, M. O. *O jogo e a construção do conhecimento matemático.* In: Série Idéias, São Paulo, FDE, vol 10, p.45-53, 1991.

PAYNE, J. N. (org.) *Mathematics for the young child.* Reston: National Council of Teachers of Mathematics, 1990.

PILLAR, A.D. *Desenho e construção do conhecimento na criança.* Porto Alegre: Artes Médicas Sul, 1996.

POZO, J.I. (Org.) *A solução de problemas.* Porto Alegre: Artmed, 1998.

REYS, R. E. e KRULIK, S. (Orgs.) *A resolução de problemas na matemática escolar.* São Paulo: Atual, 1998.

ROCHA, R. e ONO, W. *O que é? O que é? Volumes 1 e 2.* São Paulo: Quinteto Editorial, 1987.

SACRISTÁN, J.G. e GÓMEZ, A.I.P. *Compreender e transformar o ensino.* 4.ed. Porto Alegre: Artmed, 1998.

SINCLAIR, H. (Org.). *A produção de notação na criança.* São Paulo: Cortez, 1990.

SMOLE, K.C.S. *A matemática na educação infantil: a teoria das Inteligências Múltiplas na prática escolar.* Porto Alegre: Artes Médicas, 1996.

SMOLE, K.; DINIZ, M. I e CÂNDIDO, P. *Brincadeiras infantis nas aulas de matemática.* Porto Alegre: Artmed, 2000.

SOLÉ, I. *Estratégias de leitura.* 6.ed. Porto Alegre: Artmed, 1998.

TEBEROSKY A. e TOLCHINSKY, L. (Orgs.). *Além da alfabetização: a aprendizagem fonológica, ortográfica, textual e matemática.* São Paulo: Ática, 1996.